HAUTE OFF THE PRESS

RECIPES FROM THE BEST CHEFS OF COLORADO AND BEYOND
RECETAS DE LOS MEJORES CHEFS DE COLORADO Y MÁS ALLÁ

BY
PAT MILLER, THE GABBY GOURMET
AND
BOB STAREKOW, EXECUTIVE CHEF
SILVERHEELS SOUTHWEST GRILL

For Erika —
Buen Provecho!
Bob Starekow

TDF PUBLISHING COMPANY

FRONT COVER DESIGN BY STEVE MILLER
BACK COVER PHOTO BY KEN STEVENSON
CHAPTER SKETCHES BY AUSTIN KRUK

ISBN 0-918481-11-2

Printed in the United States of America by
   Johnson Printing Company
   1880 South 57th Court
   Boulder, Colorado 80301

If you are unable to obtain additional copies
from your dealer, write directly to:
   TDF Publishing
   10,000 E. Yale Ave. Unit 38
   Denver, CO 80213-5959
   (303) 337-7721

Table Of Contents

Reconocimiento

Para bailar el tango se necesitan dos - Gabby y yo hemos disfrutado esta pieza. Puede que nos hayamos pisado los pies, Dios sabe que no somos ni Fred Astaire ni Ginger Rogers (la pareja bailarina del siglo). A pesar de todo, ésta ha sido una labor de amor. He pasado la mayor parte de mi vida en el negocio de los restaurantes, primero como lavaplatos, luego, en orden cronológico: bartender, cocinero de línea, cocinero de preparación, chef ejecutivo, y finalmente dueño y operador. He sido afortunado. Tiendo a ser una de esas personas que ven música en su cabeza. En mi caso, la música suele ser comida que cae en armonía perfecta. Sí, también a mi me fallan las notas, pero en general, las combinaciones de las notas funcionan. Vuelvo locos a mis empleados cuando mando al comedor una receta experimental. De algún modo, sé cuando una receta va a funcionar (no se preocupen - estas recetas ya las hemos probado). Agradezco a un gran número de personas que me han brindado la oportunidad de crear este recetario. Entre los más sobresalientes están Pat Miller y su esposo Mark, sin el apoyo de los cuales, mi función como "entrepreneur" hubiera sido mucho más difícil. Pat es una campeona del "restauranteur" independiente. Su visión y conocimiento del cargo del independiente como proveedor de una variedad excitante y espontánea al negocio de los restaurantes, es crítica a la defensa contra la competencia de los restaurantes de cadena. Gracias también a mi esposa Marla y a mi hijo, Xander, quienes generosamente me han permitido el tiempo necesario para trabajar las largas horas requeridas para completar este libro. Gracias a mi madre Libby, por compartir tanto de sí misma conmigo cuando yo era pequeño; a mi tía Judy, por aquel primer libro de cocina; a mi amigo Cecil por enseñarme el papel crítico que juega el tequila en la creatividad mental; y a mis socios Carl y Jim por el alivio de las arduas tareas diarias. Tanto Gabby como yo debemos gracias al Sr. Austin Kuck, quien elaboró los bosqejos de nuestros célebres chefs, a la Srta. Yvonne Páez de "Páez Translations", quien trabajó largas horas en la traducción al español y al Sr. David Nelson de AdMap quien laboró en finalizar la presentación de nuestro recetario. Hay otros, además, a quienes debemos nuestro agradecimiento también: Annie Slocum por sus horas de consulta, Steve Miller por su trabajo en el diseño de la portada, Ken Stevenson por sus excelentes fotografías de los autores y al sinumero de personas que por su multitud es imposible mencionarlos por separado. A CADA UNO, GRACIAS.

Finalmente, gracias a los chefs que nos brindaron estas deliciosas recetas para su deleite.

"Fred" ha concluido, y, me supongo que como "Ginger" es mi turno de bailar. Mi primer "baile" fue como instructor de cocina durante 10 años, con mi socio en "Cookery and Co.", Edie Acsell. Nos divertimos en grande,

Acknowledgements

It takes two to tango — Gabby and I have enjoyed this dance. We may have stepped on each others toes. Lord knows we're no Fred Astaire and Ginger Rogers. All in all though, this has been a labor of love. I have spent the better part of my life in the restaurant business, first as a dishwasher, then in chronological order, a bartender, a line cook, a prep cook, an executive chef and finally an owner and operator. I have been fortunate. I happen to be one of those individuals who sees music in his head. In my case, the music just happens to be food falling together in perfect harmony. Yes, I hit wrong notes too! Generally speaking, the combinations of notes work. I drive my staff batty when I roll out an untested recipe. I just seem to know when a recipe is going to work (Don't worry — we tested these). I owe many thanks to many individuals for affording me the opportunity to do this cookbook. Not the least of those is Pat Miller and her husband Mark without whose support my job as entrepreneur would be that much more difficult. Pat is a champion of the independent restaurateur. Her foresight in understanding the role of the independent as a provider of exciting variety and spontaneity to the restaurant business is critical to fending off the challenge of the chain restaurants. Thank you, also, to my wife, Marla and my son, Xander whose selflessness has allowed me the time to work the many hours necessary to complete this book. Thank you to my mother, Libby, for giving so much of yourself to me when I was small, to my Aunt Judy for that first cookbook, to my friend Cecil for teaching me the critical role tequila plays in creative thinking and to my partners Carl and Jim for relief from the arduous task of the day to day grind. Both Gabby and I are indebted to Mr. Austin Kuck, who did all the sketches of our fine chefs, to Ms. Yvonne Pácz of Pácz Translations, who worked long hours on the translation to Spanish and to Mr. David Nelson of AdMap who labored to put together a finely tuned layout of our cookbook. Indeed there are others to whom we owe our thanks as well. Annie Slocum for her hours of consultation; Steve Miller for his work on cover design; Ken Stevenson for his fine photograph of the authors and many others too numerous to list. THANK YOU ALL.

Last but not least, thank you to the chefs who provided these luscious recipes for your enjoyment.

Fred has finished and, I guess as Ginger it's my turn to begin the dance. My first recital was as a cooking instructor for ten years with my partner in Cookery and Co., Edie Acsell. We had a great time, both being "real" cooks,

ambos siendo cocineros "de verdad", estudiando en Francia, Italia y en los Estados Unidos. Tengo cuatro recetarios publicados hasta el presente (con pulgadas en la cintura que los acompañan) como el principio de lo que es ahora mi vida como "Gabby Gourmet". Y qué vida tan maravillosa es. He presentado programas en la radio KBIG comentando acerca de restaurantes durante quince años, cada domingo por la mañana, donde comparto opiniones, ideas e información con los radioescuchantes, chefs, y las maravillosas personas quienes me ayudan en la labor de evaluar y describir la variedad de restaurantes en el área y fuera de ella. También se me conoce como "la dama que come" en KMGH, el canal 7 de televisión en Colorado, conduciendo segmentos de desayuno y cena cada semana. "The Gabby Gourmet Restaurant Guide" (La Guía de Restaurantes de Gabby Gourmet) es un proyecto anual, donde mi esposo Mark y yo tratamos de ayudar al público a encontrar restaurantes de su agrado, con descripciones y evaluaciones de cada uno. La tarjeta de bailes está básicamente llena, pero nunca demasiado llena para convivir con los "restauranteurs" quienes son lo principal de mi carrera. Es un gusto muy especial conocer a cada uno de ellos, tenerles como amigos, y compartir con ellos las alegrías y tristezas del negocio. Mi gran pasión es "Share Our Strength" (Compartir Nuestra Fuerza), una sociedad nacional beneficiaria que ayuda a los que sufren hambre y a aquellos quienes no tienen hogar. Cada día solicito ayuda de mis amigos en el negocio de los restaurantes, y jamás me defraudan. Mi deseo es ver que algún día nadie vaya a la cama con hambre, y los chefs de este libro, lo mismo que tantos otros chefs que no pueden ser mencionados aquí debido a limitaciones de espacio, están ayudando a que esta meta se realice. Soy la madre judía original de Denver, no solo de mis maravillosos hijos, Steve, John, Carol, y mi tan preciada Baby Hanna, también conocida como "Goo Goo Goumet", y de mi muy paciente esposo Mark, sino también de toda la gente involucrada en la siempre cambiante escena del restaurante. Bob es mi más reciente "hijo" y ha sido maravilloso trabajar con él en la creación de algo que esperamos disfruten al usarlo tanto como nosotros hemos disfrutado en escribirlo.

La compilación de un recetario es una labor de afecto que nace del amor y respeto por la variedad de cocina del mundo y por los artistas que laboran para presentar estos obsequios gastronómicos al mundo.

PAT MILLER
"LA GABBY GOURMET"

BOB STAREKOW
"CHEF DE SILVERHEELS"

studying in France, Italy and in the United States. I have four cookbooks under my belt (with some inches around it), as a beginning for what is now my life as the Gabby Gourmet. And a wonderful life it is. I have hosted a talk show on KBIG Radio featuring restaurants for fifteen years every Sunday morning, where I share opinions, thoughts and information with listeners, chefs, and wonderful people who help me through the task of evaluating and describing the many restaurants in the area and beyond. I am also known as "the lady who eats" on KMGH, Colorado's 7, TV, doing breakfast and dinner segments each week. "The Gabby Gourmet Restaurant Guide" is a yearly undertaking where I join my husband, Mark, in hoping to help the public find restaurants to their liking with descriptions and ratings of each. The basic dance card is full, but never too full to be with all the restaurateurs who are the mainstay of my career. Each and every one of them are very special to know, to be friends with, and to share the joys and sorrows of the business. As my real passion is Share Our Strength, a national charity that aids the hungry and homeless, I call on all of my friends in the business each day and they never fail me. My wish is to see the day that no one goes to bed hungry, and the chefs featured in this book, along with every other chef who may not be mentioned due to space, are making this happen. I am the original Jewish mother of Denver, not only to my wonderful kids, Steve, John, Carol and the most precious Baby Hannah, A.K.A. the Goo Goo Gourmet, and to my very patient husband Mark, but to all the people involved in the ever changing dining scene. Bob is my lastest child and has been wonderful to work with in creating something we hope you will enjoy using as much as we have enjoyed writing.

The compilation of a cookbook seems to be a labor of affection born out of a love and respect for the varied cuisines of the world and for the artists who labor to present these gastronomic gifts to the world.

PAT MILLER
"THE GABBY GOURMET"

BOB STAREKOW
"CHEF SILVERHEELS"

Barolo Grill

Sean Kelly es la prueba de que el talento puro, acompañado de un paladar que es un don especial, pueden ser educación suficiente para construir un menú maravilloso. Sean nació y se crió en Nueva Jersey, y se mudó a Denver con su esposa Randi hace tres años. Él no tiene entrenamiento formal, sin embargo, ha trabajado para chefs de gran talento y ha recorrido Italia y Francia donde se enamoró de la cocina de esta región. Como el chef ejecutivo de "Barolo Grill"; su menú ofrece comidas del norte de Italia en el estilo de su restaurante, el cual nos recuerda de una casa de campo italiana, complementando la decoración maravillosa con sus rústicos platillos italianos. "Rústico", bellamente expresa la interpretación que da Sean de la cena italiana-americana. Él ha logrado un balance perfecto del vino y la comida, con vino excitante y al alcance del presupuesto. Es una de las estrellas más brillantes de la sexta avenida.

Barolo Grill

Sean Kelly – Barolo Grill
3030 E.6th Ave., Denver, Colorado
303 393-1040

Sean Kelly is proof that raw talent paired with a gifted palate can be education enough to build a wonderful menu. Sean was born and raised in New Jersey and moved to Denver with his wife Randi three years ago. He has no formal training, however he has worked for some very talented chefs and traveled Italy and France where he fell in love with the cuisines. As executive chef of Barolo Grill, his menu features foods of northern Italy in the style of the restaurant, reminiscent of an Italian country farm house,carrying out the wonderful decor with his northern Italian rustic dishes. Rustica beautifully describes Sean's interpretation of Italian-American dining. He has achieved a perfect balance of wine and food with exciting and affordable vino in one of Denver's hottest and brightest 6th Ave. stars.

Pato Barolo al Horno con Aceitunas Negras

Rinde 4 porciones

2 patos frescos de 5 libras
2 cebollas amarillas grandes
4 onzas de mantequilla
1 litro de vino tinto Barolo
1 litro de caldo de pollo casero
1/2 taza + 1 cucharada de
  vinagre de resina
1 1/2 tazas de aceitunas kalamata
  con salmuera
1 cucharada de hojas de salvia
  frescas
2 cucharadas de romero fresco

Sacar los huesos de la espina dorsal y partir los patos en cuartos. Partiendo la pechuga a la mitad, separar la media pechuga y ala, del muslo y la pierna. Dorar con el pellejo hacia abajo en mantequilla derretida y cebollas, hasta que el pellejo se haya oscurecido y comience a soltar la grasa. Voltear las presas y añadir el resto de los ingredientes excepto una cucharada del vinagre de resina y 1/2 taza de las aceitunas. Continuar cocinándolo hasta que el caldo comience a hervir a fuego lento. Tapar y asar en el horno a 400° F durante una hora. Sacar el pato del caldo y poner a un lado en un lugar caliente. Quitar la grasa de la superficie del caldo. Colar y reducir en una olla a la mitad hasta formar una "demi-glace". Añadir la 1/2 taza de aceitunas restantes, 1 cucharada de vinagre de resina y una pizca de romero fresco. Colocar el pato en platos de servir y cubrir con salsa, asegurándose de que todos reciban varias aceitunas.

Misto Frito con Mayonesa Harissa Picante

Rinde 4 porciones

8 onzas de calamares cortados en
  anillos (los tentáculos
  reservados para adornar)
16 piezas de camarón de piedra,
  limpios y desvenados
16 piezas de molusco bivalvo,
  cortados por mitad para que
  parezcan monedas
4 tazas de harina sazonada
1 taza de Mayonesa Harissa
  (receta a continuación)
aceite de cacahuate (maní) para
  freir

Harina Sazonada
4 tazas de harina
1 taza de harina de sémola
2 cucharadas de paprika
1 cucharadita de pimienta
  cayenne
Mayonesa Harissa

Limpiar y preparar los mariscos. Preparar la harina sazonada y colocar en un tazón grande adecuado para sazonar todos los mariscos. Preparar la mayonesa Harissa y colocar una cucharada copeteada en cada uno de los platos a servir. Calentar el aceite a 375° F. Sazonar los mariscos ligeramente en la harina, sacudiendo el exceso. Freir en pequeñas cantidades hasta dorar, durante 30 o 45 segundos por cada monto. Agitar los mariscos fritos para sacudir el exceso de aceite, y colocar en un tazón de acero inoxidable. Sazonar con sal fina de mar y colocar sobre una fuente de servir. Adornar a su gusto, por ejemplo, usando gajos de limón

1 taza de mayonesa casera (receta en sección de Básicos)
1 cucharadita de jugo de limón amarillo, fresco
1 cucharada de pasta Harissa*
una pizca de sal
***disponible en mercado gourmet**

Barolo Braised Duck with Black Olives

Serves 4

2 5 lb. fresh ducks
2 lg. yellow onions
4 oz. butter
1 qt. Barolo wine (full bodied red)
1 qt. homemade chicken broth
1/2 c.+ 1 T. balsamic vinegar
1 1/2 c. kalamata olives with
    brine
1 T. fresh sage leaves
2 T. fresh rosemary

Remove backbone and quarter ducks. Splitting down breast bone, separate breast and wing from thigh and leg. Brown skin side down in melted butter and onions until skin is very dark and beginning to render out fat. Turn duck skin side up and add all remaining ingredients except 1 T. balsamic and 1/2 c. olives, continue cooking until the broth starts to simmer. Cover and braise in a 400° oven for one hour. Remove duck from broth and reserve in a warm spot. Skim fat off the top of broth. Pour through a strainer and reduce in a saucepan by half to form a demi-glace. Add remaining 1/2 c. olives, 1 T. balsamic vinegar and a pinch of fresh rosemary. Place duck on serving plates and spoon sauce over top, making sure everyone receives several olives.

Frito Misto with Spicy Harissa Mayonnaise

Serves 4

8 oz. calamari, sliced into rings,
    tentacles reserved for garnish
16 pc. rock shrimp, cleaned and
    deveined
16 pc. sea scallops, cut in half to
    resemble coins
4 c. seasoned flour, recipe follows
1 c. Harissa Mayonnaise
Peanut oil for frying

Seasoned Flour
4 c. all purpose flour
1 c. semolina flour
2 T. paprika
1 t. cayenne pepper

Clean and prepare all seafood. Prepare seasoned flour and place in a large bowl adequate for dusting all seafood. Prepare Harissa mayonnaise and place a large dollop on each of the serving plates. Heat oil to 375°. Dust seafood lightly in flour, shaking off the excess. In small amounts fry until crispy for 30-45 seconds for each batch. Shake off oil and place in stainless mixing bowl. Season with fine sea salt and put on serving plate. Garnish to your liking, perhaps using some lemon wedges.

Harissa Mayonnaise
1 c. homemade mayonnaise, recipe in Basics section
1 t. fresh lemon juice
1 T. Harissa Paste*
 pinch of sea salt
*available at gourmet market

Border Grill

Nacidas en la región central del oeste, Mary Sue y Susan comenzaron sus carreras culinarias en la preparatoria. Ambas siguieron su pasión por cocinar y finalmente se conocieron en "Le Perroquet", donde trabajaban para Jovan Tregoyevic. Tomaron caminos distintos pero se encontraron de nuevo en Paris, donde ambas habían ido para seguir sus carreras. Regresando a California, Susan se puso a trabajar en un restaurante nuevo llamado el "City Cafe", donde convenció a Mary Sue de que la siguiera. Posteriormente, se hicieron dueñas del negocio y establecieron una excelente reputación con su excitante interpretación de la cocina latinoamericana y del suroeste. Su libro, "City Cuisine" fué premiado y está lleno de recetas que muestran su estilo especial de cocina. Ellas son ahora las propietarias de "Border Grill" que ofrece un ambiente colorido e informal que va de acuerdo con su cocina creativa.

Border Grill

Mary Sue Milliken and Susan Feniger –
Border Grill
1445 4th St.
Santa Monica, California
310-451-6555

Born in the midwest, Mary Sue and Susan began their cooking careers in high school. Both pursued their love of cooking and finally met each other at Le Perroquet, where they worked under Jovan Tregoyevic. They then went their separate ways but met again in Paris where each went to pursue her career. Returning to California, Susan went to work in a new restaurant called the City Cafe where she lured Mary Sue to join her. Eventually, they became owners, established a wonderful reputation with their exciting interpretation of Latin American and southwestern cooking. Their book, "City Cuisine" is award winning and full of recipes showing their special style in the kitchen. They are now the proprietors of the Border Grill which features a colorful and informal atmosphere to match their creative cuisine.

Camarones de Piedra Salteados

Rinde 4 porciones

3/4 de taza de aceite de olivo
25 dientes de ajo, pelados y finamente rebanados
1 3/4 libras de camarones de
piedra
1 1/2 cucharaditas de sal
3/4 de cucharadita de pimienta
negra molida, fresca
3 chiles anchos grandes, picados
1 taza de caldo de pescado o
jugo de almejas
1 manojo de perejil (hojas
picadas)
jugo de 3 limones grandes

Calentar el aceite en un sartén grande, sobre fuego medio. Cocinar las rebanadas de ajo, hasta que estén suaves, pero no doradas. Escurrir con un cucharón y poner sobre toallas de papel, y reservar. Aumentar el fuego y cuando el aceite esté casi humeando, agregar los camarones, la sal y la pimienta. Saltear, moviendo y agitando el sartén para evitar que se peguen, de 3 a 4 minutos, o hasta que los camarones se hayan cocinado 3/4 partes. Quitar del fuego. Con un cucharón de escurrir, transferir los camarones a un plato, dejando la mayor parte posible del líquido en el sartén. Disminuir de nuevo el fuego a temperatura media y agregar las rebanadas de ajo y los chiles al sartén. Freirlos, movién-dolos frecuentemente, hasta que el aceite comience a tomar un color anaranjado por los chiles. Agregar el caldo de pescado o el jugo de almejas, junto con los camarones y cualquier jugo que se haya acumulado en el plato. Agregar jugo de limón y perejil, hervir y quitar del fuego. Servir inmediatamente sobre arroz blanco.

Arroz Verde

Rinde de 4 a 6 porciones

salsa de tomatillo
6 chiles poblanos, asados, pelados
   y sin semillas
5 hojas de lechuga romana
2 manojos de cilantro
4 cebollitas de Cambray
6 dientes de ajo, pelados
1/2 taza de agua fría
2 cucharaditas de sal
1/4 de taza de aceite vegetal
3 tazas de arroz de grano largo

Salsa de Tomatillo:
Rinde 3 1/2 tazas
1 libra de tomatillos (tomate
   verde), pelados de las cáscaras
   y lavados
2 a 4 jalapeños, sin tallos y
   finamente picados
1/2 taza de agua fría

Colocar los tomatillos, los jalapeños y el agua en la licuadora o procesadora y hacerlos puré, cuidando que quede con trozos. Agregar el resto de los ingredientes y hacer puré dos minutos más, hasta que no queden ya trozos grandes. La salsa fresca puede guardarse en el refrigerador en un recipiente sellado hasta por 3 días.

Calentar el horno a 350° F. En la procesadora o licuadora, agregar la salsa de tomatillo, los chiles poblanos, las hojas de lechuga, el cilantro, las cebollitas, el ajo, agua y sal, y procesar hasta que quede bien licua-do (si se usa la licuadora, hacerlo en 2 tantos). Poner a un lado. Calentar el aceite vegetal en un sartén a fuego medio. Saltear el arroz mezclando continuamente, hasta que se dore, aproximadamente 5 minutos. Vertele el puré verde reservado y mezclar para combinar bien. Verter a un refractario grande, cubrir con papel alumino y hornear, hasta que el arroz esté suave, de 20 a 25 minutos. Mezclar y servir caliente.

1/2 cebolla mediana, cortada a la mitad
2 manojos de cilantro
1 cucharadita de sal

Sautéed Rock Shrimp

Serves 4

3/4 c. olive oil
25 cloves garlic, peeled and thinly
  sliced
1 3/4 lb. rock shrimp
1 1/2 t. salt
3/4 t. black pepper, freshly
  ground
3 large ancho chiles, chopped
1 c. fish stock or clam juice
1 bunch parsley, leaves chopped
juice of 3 large limes

Heat oil in a large skillet over medium heat. Cook the garlic slices until tender, but not brown. Transfer with a slotted spoon to paper towels and reserve. Turn heat to high and when oil is nearly smoking, add the shrimp, salt and pepper. Sauté, stirring and shaking the pan to prevent sticking, 3-4 minutes or until the shrimp are 3/4 cooked. Remove from heat. With a slotted spoon, transfer the shrimp to a platter, leaving as much liquid as possible in the pan. Return the pan to medium heat and add garlic slices and chiles, sautéing, stirring frequently until oil begins to turn orange from the chiles. Stir in the fish stock or clam juice, along with the shrimp and any juice that has collected on the platter. Add lime juice and parsley, bring to a boil and remove from heat. Serve immediately over white rice.

Green Rice

Serves 4-6

tomatillo salsa
6 poblano chiles, roasted, peeled
  and seeded
5 romaine lettuce leaves
2 bunches cilantro
4 scallions
6 cloves garlic, peeled
1/2 c. cold water
2 t. salt
1/4 c. vegetable oil
3 c. long grain rice

Tomatillo Salsa
Makes 3 1/2 cups
1 lb. tomatillos, husked and
  washed
2-4 jalapeños, stems removed and
  coarsely chopped
1/2 c. cold water

Place tomatillos, jalapeños and water in blender or food processor and purée until chunky. Add remaining ingredients, puréeing 2 minutes until no large chunks remain. Fresh salsa keeps in the refrigerator in a covered container for 3 days.

Preheat oven to 350°. In food processor or blender add tomatillo salsa, poblano chiles, lettuce leaves, cilantro, scallions, garlic, water and salt and process until liquefied (if using blender work in batches). Set aside. Heat vegetable oil in medium skillet over medium-low heat. Sauté the rice, stirring constantly, until golden and crackling about 5 minutes. Pour in the reserved green purée and stir to combine. Transfer to a 4 quart baking dish, cover with foil and bake until rice is tender, about 20-25 minutes. Stir and serve hot.

1/2 medium onion, cut in half
2 bunches cilantro
1 t. salt

Arroz Rojo

Rinde de 6 a 8 porciones

1/3 de taza de aceite vegetal
3 tazas de arroz de grano largo, enjuagado
1 cebolla mediana, picada
5 chiles serranos
2 dientes de ajo, picados
3/4 de taza de caldo de pollo
3 tazas de salsa de jitomate fresco

Salsa de Jitomate Rojo:
1/8 de taza de aceite vegetal
1/2 cebolla mediana, finamente rebanada
4 tazas de jitomates enlatados italianos, picados
2 jalapeños, con semillas y venas
1 taza de jugo de jitomate
2 dientes de ajo, pelados
1 cucharadita de sal

Calentar el aceite vegetal en un sartén mediano sobre fuego moderado. Cocinar la cebolla hasta que esté suave y luego pasarla a un tazón de la procesadora y hacerla puré con el resto de los ingredientes, hasta que esté suave. Pasar por una coladera, presionando con un cucharón de madera para obtener la mayor parte de la pulpa posible. Verter en una cacerola sin tapa, y hervir a fuego lento, por 20 minutos. Ajustar la sazón al gusto y usarla caliente para el arroz rojo.

Calentar el horno a 350° F. Calentar el aceite en un sartén grueso o una cazuela sobre fuego medio. Freir el arroz moviéndolo constantemente, hasta que esté doradito y crujiente, aproximadamente 5 minutos. Agregar las cebollas y los chiles serranos y cocinar hasta que se suavicen; luego el ajo y cocinar hasta que el aroma se suelte. Añadir el caldo de pollo y la salsa de jitomate, mezclando bien para combinar. Verter a un refractario de 4 litros, cubrir con papel aluminio y hornear, hasta que el líquido se haya absorbido y el arroz esté suave, de 30 a 40 minutos. Mezclar y servir.

Ensalada de Berro y Jícama

Rinde 4 porciones

1 jícama mediana, pelada
4 manojos de berro, lavado y sin tallos
1/2 taza de aceite de olivo
1/4 de cucharadita de sal
1/8 de cucharadita de pimienta negra
2 cucharadas de jugo de limón

Rebanar finamente la jícama y luego cortarla en tiras de 1/2 cm. Combinar la jícama y el berro en un tazón. Batir el aceite de olivo, el jugo de limón, la sal y pimienta con un batidor de alambre. Verter sobre la ensalada y mezclar para que quede bien combinado. Servir en platos refrigerados.

Red Rice

Serves 6-8

1/3 c. vegetable oil
3 c. long grain rice, rinsed
1 medium onion, chopped
5 serrano chile peppers
2 cloves garlic, chopped
3/4 c. chicken stock
3 c. fresh tomato salsa

Red Tomato Salsa
1/8 c. vegetable oil
1/2 medium onion, thinly sliced
4 c. canned diced Italian plum
    tomatoes,
2 jalapeños, with seeds and veins
1 c. tomato juice
2 cloves garlic, peeled
1 t. salt

Heat vegetable oil in a medium skillet over moderate heat. Cook onion until soft and then transfer to a bowl of food processor and purée with remaining ingredients, until smooth. Pass through a medium strainer, pressing with a wooden spoon to push through as much pulp as possible. Pour into a saucepan, bring to a boil and simmer, uncovered for 20 minutes. Adjust seasonings to taste and use warm for red rice.

Preheat oven to 350°. Heat oil in a medium heavy skillet or saucepan over medium-low heat. Sauté the rice, stirring constantly, until golden and crackling, about 5 minutes. Add the onions and serranos and cook until soft. Add the garlic and cook until the aroma is released. Pour in chicken stock and tomato salsa, mixing well to combine. Transfer to a 4 quart baking dish or casserole. Cover with foil and bake until the liquid is absorbed and rice tender, about 30-40 minutes. Stir and serve.

Watercress and Jicama Salad

Serves 4

1 medium jicama, peeled
4 bunches watercress, washed and
    stems removed
1/2 c. olive oil
1/4 t. salt
1/8 t. black pepper
2 T. lime juice

Thinly slice the jicama and then cut into 1/8" strips. Combine jicama and watercress in a bowl. Whisk together the olive oil, lime juice, salt and pepper. Pour over the salad and toss well to combine. Serve on chilled plates.

Cadillac Ranch

Ray comenzó a una edad temprana en la cocina y la pastelería, puesto que su familia tenía pastelerías y eran un verdadero "grupo de cocineros". El paladar dulce se apoderó de él y comenzó la pastelería desde sus años de la primaria. Un buen comienzo, pero el primer empleo verdadero de Ray fué en un puesto de hamburguesas donde el dueño cocinaba todo con productos frescos. Ray ha tratado de mantener su sentido de calidad y frescura desde aquellos días. Trabajó y entrenó con los mejores chefs en restaurantes de California y Hawaii, y luego vino a Crested Butte. Los dueños de "Josephina's" lo trajeron a Denver, donde es ahora el chef ejecutivo de cinco restaurantes que ofrecen cuatro estilos de cocina diferentes. Andrea es una socia maravillosa para Ray, tomando la posición de "Sous Chef" de la corporación en la compañía y creando un elemento excitante en los menus del "Cadillac Ranch" y en los demás de los restaurantes que Ray supervisa. Andrea asistió a la Escuela Culinaria "Johnson y Wales", luego obtuvo la posición mas alta en cafés y en yates privados hasta que llegó a Denver. Aquí ha agregado una nueva dimensión a la cocina del "Cadillac Ranch".

Cadillac Ranch

Ray Berman and Andrea Alix – Cadillac Ranch
1400 Larimer
Denver, Colorado
303-820-2288

Ray had an early start at cooking and baking as his family owned bakeries and was a real "cooking group". That sweet tooth got him, and he started baking while in grammar school. A great beginning, but Ray's first real job was at a burger joint where the owner did everything fresh. He has tried to uphold this sense of quality and freshness ever since. He worked and trained with top chefs in restaurants in California and Hawaii, then came to Crested Butte. The owners of Josephina's brought him to Denver where he is now the executive chef in five restaurants featuring four different cuisines. Andrea is a wonderful partner for Ray, taking the corporate Sous Chef position in the company and creating a new element of excitement to the menus of Cadillac Ranch and the other restaurants that Ray oversees. Andrea attended Johnson and Wales Culinary School,then held the top position in cafes and on private yachts until she came to Denver. Here she has added a new dimension to the cuisine at Cadillac Ranch.

Salsa Texana de Frutas

1/4 de piña, finamente picada
1 mango, pelado, deshuesado y finamente picado
1 papaya, pelada, sin semillas y finamente picada
1/2 taza de pimiento rojo, finamente picado
1/4 de taza de cebolla colorada, finamente picada
2 cebollas verdes, finamente picadas
1/2 taza de pepino, pelado, sin semillas y picado
1 cucharada de cilantro, finamente picado

1 cucharada de pasta de chile china
1 cucharadita de ajo, finamente picado
1/2 cucharadita de pimienta negra
1/4 de cucharadita de sal

Combinar todo en un tazón de acero inoxidable, y mezclar.   Cubrir y refrigerar, hasta que se necesite. Servir con carnes o pescado fresco asados a la parrilla.

Chile Verde de Búfalo

Rinde 6 porciones

1/4 de taza de aceite de canola
4 onzas de tocino ahumado en leña de manzano, picado
1 cebolla amarilla, picada
2 cucharadas de ajo, finamente picado
1/2 taza de harina
1 1/2 libras de pecho de búfalo ahumado, y picado en trocitos de 1 cm.
1 chile poblano, tostado y picado
1 lata de 8 onzas de chiles verdes, picados
2 jitomates, picados
1 lata de 24 onzas de tomatillos, picados
8 tazas de agua

2 cucharadas de concentrado de caldo de res
1 1/2 cucharaditas de sal
1/2 cucharadita de pimienta negra

Calentar el aceite y saltear el tocino hasta dorar. Agregar cebolla y ajo, y saltear, hasta que la cebolla esté transparente.   Añadir harina para hacer un "roux". Agregar el búfalo, los pimientos y jitomates, el agua, el concentrado, y la sal y pimienta.   Hervir a fuego lento para combinar los sabores durante 15 minutos.

Texas Fruit Salsa

1/4 pineapple, diced
  finely
1 mango, peeled, seeded, diced
  finely
1 papaya, peeled, seeded, diced
  finely
1/2 c. red bell pepper, diced
  finely
1/4 c. red onion, minced
2 green onions, minced
1/2 c. cucumber, peeled, seeded
  and diced

Combine all in a stainless bowl and toss. Cover and refrigerate until needed. Serve with fresh grilled meats or fish.

1 T. cilantro, minced
1 T. Chinese chili paste
1 t. garlic, finely chopped
1/2 t. black pepper
1/4 t. salt

Buffalo Green Chile

Serves 6

1/4 c. canola oil
4 oz. applewood smoked bacon,
  diced
1 yellow onion, diced
2 T. garlic, minced
1/2 c. flour
1 1/2 lb. buffalo brisket, smoked
  and diced 1/2"
1 poblano pepper, roasted and
  diced
1 8 oz. can green chiles ,diced
2 tomatoes, diced
1 24 oz. can tomatillos, chopped
8 cups water
2 T. beef base
1 1/2 t. salt
1/2 t. black pepper

Heat oil and sauté bacon until brown, add onion and garlic and sauté until transparent. Add flour to make a roux. Add buffalo, peppers, tomatoes, water, base and salt and pepper. Simmer to blend flavors for 15 minutes.

Guisado de Mariscos del Pacífico Noroeste

Rinde 1 porción

1 onza de aceite de olivo
3 caracoles de mar
2 moluscos bivalvos
1 langostino
2 mejillones
salmón, lobina u otro pescado
  blanco
1 cucharadita de ajo, finamente
  picado
1/4 de taza de cebolla blanca, en
  rebanadas delgadas
1/4 de taza de pimiento rojo,
  picado
1/4 de taza de pimiento amarillo,
  picado
1/4 de taza de hinojo, rebanado

Saltear ligeramente los caracoles hasta que se abran, agregar moluscos bivalvos, langostino y demás pescado y ajo. Añadir cebolla, pimientos, hinojo, tomates, hierbas, y mezclar. Agregar la raspadura de naranja y el vermouth. Agregar el jugo de mejillón y los mejillones, y luego la salsa Tabasco. Incorporar la mantequilla al líquido, mezclando bien. Sazonar con sal y pimienta y más salsa Tabasco, si se desea. Adornar con las puntas de hinojo.

1 jitomate roma, picado
1 cucharadita de romero, finamente picado
1 cucharadita de albahaca, finamente picada
1 cucharada de raspadura de naranja
1/4 de taza de vermouth seco
1 cucharada de jugo de mejillón
3 salpicadas de salsa Tabasco
2 cucharadas de mantequilla sin sal

Exprés Doble de Crema Brûlée

Rinde 4 porciones

Pasta de Chocolate:
1 libra de mantequilla sin sal
1 1/2 tazas de azúcar
2 huevos
3 tazas de harina
1 taza de harina de almendra
  (puede hacerse procesando las
  almendras con un poquito de
  azúcar o adquirirse en una
  tienda de especialidades)
6 1/2 onzas de cacao
1/2 cucharadita de canela
1/2 cucharadita de polvo de
  hornear
una pizca de sal

Crema Exprés:
2 tazas de crema espesa
1/2 taza de azúcar
5 yemas de huevo
4 1/2 onzas de chocolate
  semiamargo, en trocitos
1/4 de taza de café exprés o café
  muy fuerte

Batir la mantequilla y el azúcar hasta que la mezcla quede cremosa. Añadir huevos. Mezclar los ingredientes secos y agregar la mezcla de mantequilla. Refrigerar por lo menos una hora, en forma de disco. Usando piezas de 1 3/4 onzas, amasar con un rodillo y formar tartas individuales en molde de tartas de 4 x 4 1/2 pulgadas con base desprendible. Hornear a 375° F de 10 a 12 minutos. Refrigerar.

Hervir la crema y 1/4 de taza de azúcar a fuego lento. Batir 1/4 de taza de azúcar con las yemas de huevo hasta que estén pálidas, aproximadamente 2 minutos. Mientras se baten los huevos constantemente, poco a poco agregar la mitad de la mezcla de crema. Verter la mezcla en la olla de la crema y hervir a fuego lento, hasta que espese. Retirar del fuego y añadir el café exprés. Enfriar sobre un tazón lleno de hielo.

Verter la crema exprés en las pastas de tarta previamente preparadas. Rociar con una cucharada mas una cucharadita de azúcar y derretir con la llama de una antorcha o flamear bajo un asador. Adornar con salsa de chocolate, salsa de caramelo, fresas frescas y chocolate blanco rallado.

Pacific Northwest Seafood Stew

Serves 1

1 oz. olive oil
3 cockles
2 scallops
1 prawn
2 mussels
salmon, bass or other white fish
1 t. garlic, minced
1/4 c. white onion, thinly sliced
1/4 c. red bell pepper, diced
1/4 c. yellow bell pepper, diced
1/4 c. fennel, sliced
1 roma tomato, chopped
1 t. rosemary, finely chopped
1 t. basil, finely chopped

1 T. orange zest
1/4 c. dry vermouth
1 T. mussel juice
3 dashes Tabasco
2 T. unsalted butter

Sauté cockles until open, add scallops, prawn, and other fish and garlic. Add onion, peppers, fennel, tomatoes, herbs and stir. Add orange zest and de-glaze the pan with the vermouth. Add mussel juice and mussels, then Tabasco. Incorporate the butter into the liquid, mixing well. Season with salt and pepper and more Tabasco if desired. Garnish with fennel tops.

Double Espresso Crème Brûlée

Serves 4

Chocolate Crust
1 lb. butter, unsalted
1 1/2 c. sugar
2 eggs
3 c. flour
1 c. almond flour (can be made
   by processing almonds finely
   with a little bit of sugar to
   equal 1 c. or purchased as
   specialty store)
6 1/2 oz. cocoa
1/2 t. cinnamon
1/2 t. baking powder
pinch salt

Espresso Cream
2 c. heavy cream
1/2 c. sugar
5 egg yolks

Cream butter and sugar. Add eggs. Mix dry ingredients together and add to butter mixture. Chill at least one hour in a disk shape. Using 1 3/4 oz. pieces, roll out and press into individual 4-4 1/2" tart pans, with removable bottoms. Bake at 375° for 10-12 minutes. Chill.

Bring the cream and 1/4 c. sugar to a simmer. Whisk 1/4 c. sugar with the egg yolks until pale, about 2 minutes. While whisking eggs constantly, slowly pour in half of the cream mixture. Pour mixture back into the saucepan and simmer until thick. Remove from heat and add espresso. Chill over a bowl filled with ice.

Pour espresso cream into the prepared crust. Sprinkle with 1T+1 t. sugar and melt with a torch or under a broiler. Garnish with chocolate sauce, caramel sauce, fresh strawberries and shaved white chocolate.

4 1/2 oz. bittersweet chocolate, chopped
1/4 c. espresso, or very strong coffee

Cafe
Paradiso

Nativo de Colorado, David nació y creció en Denver y pasó sus años de preparatoria trabajando en restaurantes, haciendo todos los trabajos de los niveles más bajos. Él dice que esta es su base para la apreciación del negocio hoy día. Después de "malgastar" tres años en la universidad estudiando una carrera en administración de empresas, empacó sus cosas y se trasladó a la Escuela de Artes Culinarias de California. En el área de la bahía, aprendió sobre la comida; su importancia en nuestra sociedad, nuestra vida y nuestra historia. Él hizo de todo este conocimiento y de su deseo de crear platillos bajos en grasa pero excitantes al paladar, una realidad, abriendo el "Cafe Paradiso". En su pequeño y amigable café, provée para quienes buscan una alternativa saludable, llena de sabor. El "Cafe Paradiso" se dedica a especialidades vegetarianas y mariscos frescos. David ha respondido a los gustos de un área metropolitana de clase con un estilo de cocina que va a la cabeza de los mejores restaurantes de Colorado en alternativas saludables.

Cafe Paradiso

David Steinmann – Cafe Paradiso
2355 E. 3rd Ave.
Denver, Colorado
303- 321-2066

David, a native Coloradan, born and raised in Denver, spent his high school years working in restaurants, doing all the lower level jobs. He says this is his basis for his appreciation of the business today. After "wasting" three years in college going for a business degree, he packed up and went to the California Culinary School. In the Bay area, he learned what food was all about, the importance of food in our society, our life and history.He put all this and his feeling of creating a cuisine that was low in fat but exciting to the taste into reality and opened Cafe Paradiso. Here in his small and friendly cafe he caters to those who want a healthy alternative full of flavor. Cafe Paradiso concentrates on fresh vegetarian and seafood specials. David has responded to the tastes of an upscale metropolitan neighborhood with cuisine which leads the way among Colorado's best restaurants in healthful alternatives.

Halibut de Alaska al Horno con Jalapeños

Rinde 6 porciones

**6 filetes de halibut de Alaska, de
   6 a 8 onzas cada uno**
aceite de olivo
1/2 taza de harina
sal y pimienta
**1/2 taza de hierbas frescas mixtas
   de su antojo, picadas**
**5 jitomates roma, picados en
   trozos gruesos**
**3 jalapeños sin semillas, en tiritas
   finas**
1 cucharada de ajo picado
**2 limones amarillos, raspadura y
   jugo**
1 taza de vino blanco

En una charola de hornear o sartén grande, colocar suficiente aceite de olivo para cubrir la base del sartén y calentar. Sazonar un lado del pescado con harina y colocarlo en el aceite caliente. Rociar el pescado con sal y pimienta y hierbas mixtas (reservando 1/4 de taza para la salsa). Hornear a 350° F durante unos 10 minutos o hasta que esté cocinado por dentro y esté firme. Sacar el pescado del sartén y colocarlo en un plato de servir. Calentar el sartén con los jugos en la estufa y añadir el ajo y los jalapeños. Saltear hasta que el ajo comience a tomar un color café claro. Añadir las hierbas reservadas y los jitomates, y cocinar hasta que éstos estén suaves. Agregar el jugo y la raspadura de limón y el vino blanco. Hervir y dejar que la salsa se reduzca un poco. Verter sobre el pescado.

Nota: Puede sustituir cualquier pescado blanco, por ejemplo, huachinango, corvina o lenguado y preparar de la misma manera.

Calabacitas Rollatini-Ricotta

Rinde 8 porciones

Relleno:
**2 tazas de queso ricotta dietético
   (colocar en una coladera por
   una hora para escurrir)**
**1/4 de taza de queso parmesano
   importado, rallado**
**1/4 de taza de hierbas frescas de
   su gusto, picadas**
2 cucharadas de ajo fresco picado
**2 cucharadas de pimienta negra
   fresca, triturada**
sal, al gusto
Salsa:
**3 libras de jitomates roma,
   cortados en cuartas partes**
**1/4 de libra de hojas frescas de
   albahaca**
sal y pimienta
aceite de olivo
Calabacitas:
**6 calabacitas (de aprox. 8 onzas
   cada una)**
aceite de olivo
pimienta negra fresca triturada
**queso parmesano importado fresco,
   molido**

Cortar las calabacitas a lo largo, en rebanadas delgadas que podrá enrollar sin romper, (de aproximadamente 1/2 cm). No utilice las rebanadas con cáscara. Colocar una cucharadita del relleno en la parte ancha de la rebanada y enrollar. Colocarlas en una charola de hornear de 9 x 12 pulgadas, previamente untada con la salsa de jitomate cubriendo la superficie de ésta. Colocar los rollos en forma de rueda vertical, no acostados, para que se note el relleno. Cepillar la parte superior de los rollos con un poco de aceite de olivo, y adornar con queso parmesano y pimienta negra. Hornear a 450° F durante 20 o 30 minutos, o hasta que el relleno esté caliente.

En un tazón, combinar los quesos ricotta y parmesano, las hierbas, el ajo y la pimienta negra, batiendo hasta que la mezcla quede suave. Colocar en el refrigerador para que cuaje.

Colocar los jitomates partidos en cuartos en una charola de hornear y rociar con sal, pimienta y aceite de olivo. Hornear a 450° F durante 30 ó 45 minutos, buscando un color café acaramelado. Colocar los jitomates calientes en una licuadora y hacerlos puré con las hojas de albahaca. Colar la salsa para separar las semillas y la cáscara, y sazonar al gusto.

Nota: La salsa puede prepararse tres días antes y el relleno puede prepararse el día anterior.

Baked Alaskan Halibut with Jalapeños

Serves 6

6 Alaskan halibut filets, 6-8 oz.
   each
olive oil
1/2 c. flour
salt and pepper
1/2 c. fresh chopped herb mixture
   of choice
5 roma tomatoes, coarsely
   chopped
3 jalapeños, seeded and finely
   julienned
1 T. chopped garlic
2 lemons, zested and juiced
1 c. white wine

In a baking pan or large sauté pan, place enough olive oil to coat the bottom of the pan and heat. Dust one side of the halibut with flour and place in heated oil. Sprinkle the fish with salt and pepper and herb mix (reserving 1/4 c. for sauce). Bake 350° oven for about 10 minutes or until it is cooked through and firm. Take fish out of pan and place on a platter. Heat the pan with the juices on the stove and add the garlic and jalapeños. Sauté until the garlic starts to turn light brown. Add the reserved herbs and tomatoes and cook until tomatoes are soft. De-glaze with lemon juice, zest and white wine. Bring to a boil and let the sauce reduce a little bit. Pour over the halibut.

Note: You can substitute any whitefish ie. sole, snapper, sea bass or flounder and prepare the same way.

Zucchini Rollatini-Ricotta

Serves 8

Filling
2 c. lowfat ricotta cheese (place in
   strainer for 1 hour to drain)
1/4 c. grated imported parmesan
1/4 c. loosely packed fresh
   chopped herbs of choice
2 T. fresh chopped garlic
2 T. fresh cracked black pepper
salt to taste

Sauce
3 lb. fresh roma tomatoes,
   quartered
1/4 lb. fresh basil leaves
salt and pepper
olive oil

Zucchini
6 zucchini (about 8 oz. each)
olive oil
fresh cracked pepper
fresh ground imported parmesan
   cheese

Slice the zucchini lengthwise, thin enough to roll without breaking, about 1/8". Discard outside slices. Place a spoonful of filling on the wide end of zucchini and roll. Place in a 9"x12" baking pan that has enough of the tomato sauce to coat the bottom of the pan. Put the rolls in like an upright wheel, not laid flat, so you can see the filling. Paint the top of the rolls with a little olive oil and garnish with parmesan and black pepper. Bake at 450° for 20-30 minutes or until the filling is hot.

In a mixing bowl, combine ricotta, parmesan, herbs, garlic and black pepper, beating until smooth. Place in refrigerator to set.

Place quartered tomatoes on a baking sheet and sprinkle with salt, pepper and olive oil. Bake at 450° for 30-45 minutes, looking for a nice caramel brown color. Place hot tomatoes in blender and purée with the basil leaves. Strain sauce to remove seeds and skin and season to taste.

Note: The sauce can be made three days ahead and the filling can be made the day before.

Ensalada con Falda de Res en Chile Rojo

Rinde 4 porciones

Remojo:
4 chiles anchos secos sin tallos,
   venas o semillas (ver sección de
   Básicos para instrucciones)
2 chiles rojos Nuevo México secos
   sin tallos, venas o semillas
2 chiles chipotle de lata
1/4 de taza de cebolla picada
4 dientes de ajo, picados
2 cucharaditas de comino molido
2 cucharadas de orégano
1 cucharadita de sal

**Salsa Vinagreta de Naranja,
Jengibre y Cilantro:**
1/2 taza de vinagre de miel de
   manzana
3/4 de taza de jugo de naranja
   fresco (aprox. 2-3 naranjas)
raspadura de la cáscara de las
   naranjas
2 chalotes
1/3 de taza de jengibre fresco,
   picado
1 manojo de cilantro (sólo las
   hojas)
2 tazas de aceite de olivo

Ingredientes para Ensalada:
2 a 3 libras de falda de res, magra
1 libra de hojas verdes mixtas,
   lavadas y ya secas
2 jitomates, cortados en gajos
4 tomatillos, cortados en gajos
1 cebolla colorada grande,
   cortada en tiritas
2 pimientos rojos, cortados en
   tiritas
2 pimientos amarillos, cortados en
   tiritas

Remojar los chiles, anchos y Nuevo México, cubriéndolos con agua caliente, durante una hora. Sacar los chiles del agua y guardar aproximadamente 2 tazas de ésta. Combinar los chiles con el resto de los ingredientes y hacerlos puré en la procesadora, hasta que la mezcla forme una pasta blanda. Añadir lo suficiente del líquido reservado de los chiles, para lograr esta consistencia. Colocar en un molde hermético y poner en el refrigerador.

En una licuadora mezclar el vinagre, el jugo de naranja, la cascarilla, los chalotes y el jengibre, y hacer puré, licuando a alta velocidad. Lentamente añadir el aceite de olivo. Agregar cilantro y mezclar durante un minuto. Poner a un lado.

La noche anterior a servirse, untar la pasta sobre la carne y refrigerar hasta que esté lista para usarse. Asar la carne en el horno o a la parrilla hasta el punto deseado, y dejar reposar 5 minutos antes de rebanarla en tiras delgadas. Combinar todos los ingredientes de la ensalada en un tazón, y mezclar con suficiente salsa vinagreta para aderezar todo. Colocar la ensalada en una fuente de servir y cubrir con las tiras de carne.

Red Chile Flank Steak Salad

Serves 4

Marinade
4 dried ancho chile peppers, stems, veins and seeds removed, see Basics section for instructions
2 dried New Mexican red chile peppers, stems, veins and seeds removed
2 canned chipotle chile peppers
1/4 c. chopped onion
4 cloves garlic, chopped
2 t. ground cumin
2 T. oregano
1 t. salt

Orange Ginger Cilantro Vinaigrette
1/2 c. apple honey vinegar
3/4 c. fresh orange juice (about 2-3 oranges)
zest from the oranges
2 shallots
1/3 c. fresh ginger, chopped
1 bunch cilantro, leaves only
2 c. olive oil

Salad Ingredients
2 3 lb. flank steak, cleaned
1 lb. mixed field greens, washed and dried
2 tomatoes, wedged
4 tomatillos, wedged
1 large red onion, julienned
2 red bell peppers, julienned
2 yellow bell peppers, julienned

Soak the ancho and New Mexican red chile in hot water to cover for about one hour. Remove the chiles from the water and reserve about 2 cups. Combine the chiles with the remaining ingredients and purée in the food processor until the mixture forms a smooth paste. Add enough of the reserved chile liquid to reach that consistency. Place in an air-tight container in the refrigerator.

In a blender combine vinegar, orange juice, zest, shallots and ginger and purée on high. Slowly add the olive oil. Add cilantro and blend one minute. Set aside.

The night before serving, coat the flank steak with the paste and refrigerate until ready to use. Broil or grill the meat to desired doneness and let sit 5 minutes before thinly slicing. Combine all salad ingredients in mixing bowl and toss with enough vinaigrette to coat everything. Place salad on a large platter and top with thinly sliced flank steak.

China Cowboy

Billy nació en un pueblo cien millas al sur de Saigón; el mayor de nueve hermanos de descendencia china. Él y su familia tenían restaurantes en Vietnam, pero querían inmigrar a los Estados Unidos. Él vino en un pequeño barco sobrecargado de gente, y llegó a un campamento de relocalización. Un primo le ayudó y así tuvo la oportunidad de trabajar en varios restaurantes tradicionales chinos en la costa este antes de venir a Denver donde abrió un restaurante de comida rápida. Tuvo éxito y Billy logró vender el restaurante. Con este dinero, trajo a su familia a los Estados Unidos. Ahora es el dueño y operador, junto con su familia, del "Panda Chinese Cafe", "T-Wa-Inn", y su más nueva adición, el "China Cowboy". Este restaurante chino tan poco tradicional ofrece un menú diseñado para incorporar su talento increíble y tantas experiencias a través de Asia y el Medio Oriente, con toques franceses y americanos, para una combinación de sabores únicos que van de acuerdo con la excitante decoración del "China Cowboy".

China
Cowboy

Billy Lam – China Cowboy
233 E. Colfax
Denver, Colorado
303-861-7078

Billy was born in a village one hundred miles south of Saigon, the eldest of nine children of Chinese ancestry. He and his family had operated restaurants in Vietnam, but wanted to emigrate to the United States. He came on a crowded small boat and arrived in a relocation camp. A cousin sponsored him and he was able to work at several traditional Chinese restaurants on the east coast before coming to Denver where he opened a fast food restaurant. It was successful and Billy was able to sell the restaurant and, with the money, brought his family to the United States. Now he is the owner and operator, with his family, of the Panda Chinese Cafe, T-Wa-Inn and his newest addition, China Cowboy. This very untraditional Chinese restaurant features a menu designed to incorporate his incredible talent and many experiences across Asia and the Far East with touches of French and American for a unique combination of flavors and tastes that match the exciting decor of China Cowboy.

Costillas de Ternera Satay a la Parrilla

Rinde 2 porciones

1 libra de costillas de ternera, rebanadas a lo largo 1 cm.
1 cucharada de hierba de té de limón (cymbopogon citratus), finamente picada
1 cucharadita de ajo picado
2 cucharaditas de salsa de ostiones
2 cucharaditas de salsa de soya
2 cucharaditas de azúcar
1 cucharadita de paprika
1 cucharadita de pimienta cayenne

Salsa de Cacahuate (Maní):
1/4 de taza de crema de

Mezclar todos los ingredientes y remojar las costillas durante 2 horas. Asar a la parrilla en brochetas de madera, hasta que estén listos. Servir con Salsa de Cacahuate.

cacahuate, sin trozos
1/4 de taza de aderezo italiano (para ensalada)
1/4 de taza de aceite
1/2 taza de agua
1/2 cucharadita de paprika
1/2 cucharadita de polvo de curri amarillo
1/4 de taza de azúcar
1/2 cucharadita de chile piquín triturado
1/2 cucharadita de comino
1/2 cucharadita de cúrcuma
Combinar todos los ingredientes.

Rollos de Pollo en Ajonjolí

Rinde 4 porciones

10 onzas de pollo deshuesado y finamente picado
1 cucharada de ajo, finamente picado
1 cucharada de jengibre, finamente picado
1 cucharada de "nira" (puede sustituirse con cebollín)
1 cucharada de cebollitas de Cambray
1 cucharadita de pimienta blanca molida
1 cucharada de salsa de ostión
1 cucharada de salsa de soya
2 piezas de alga marina rostizada (como se utiliza para sushi)
1 cucharada de semillas de ajonjolí

Combinar todos los ingredientes, excepto las algas y el ajonjolí y dividir en 4 porciones. Cortar las algas a la mitad. Colocar una porción de pollo a lo largo sobre la alga, en forma de chorizo. Rociar un poco de agua en el extremo de la alga y enrollar, sellando la orilla. Sumergir ambos extremos del rollo en las semillas de ajonjolí.

Freir en aceite de soya caliente de 8 a 10 minutos.

Salsa:
1/2 taza de salsa de soya
5 a 6 cucharadas de azúcar
rociado de ajo y jengibre picado
Combinar todos los ingredientes y verter sobre los rollos cocidos.

Grilled Veal Baby Short Ribs Satay

Serves 2

**1 lb. veal short ribs, sliced
    lengthwise 1/4"**
1T. lemongrass, finely chopped
1 t. garlic, chopped
2 t. oyster sauce
2 t. soy sauce
2 t. sugar
1 t. paprika
1 t. cayenne pepper

Peanut Sauce
1/4 c. creamy peanut butter
1/4 c. Italian dressing
1/4 c. salad oil
1/2 c. water

Mix all ingredients and marinate ribs for 2 hours. Grill on wooden skewers until done. Serve with Peanut Sauce.

1/2 t. paprika
1/2 t. yellow curry powder
1/4 c. sugar
1/2 t. crushed red pequin peppers
1/2 t. cumin
1/2 t. turmeric
Combine all ingredients.

Sesame Chicken Rolls

Serves 4

**10 oz. chicken, boneless and
    finely chopped**
1 T. garlic, finely chopped
1 T. ginger, finely chopped
**1 T. nira (chives may be
    substituted)**
1 T. scallions, chopped
1 t. ground white pepper
1 T. oyster sauce
1 T. soy sauce
**2 pieces roasted seaweed (as used
    for sushi)**
1 T. sesame seeds

Combine all ingredients except the seaweed and sesame seeds and divide into 4 portions. Cut the seaweed in half. Place one portion of chicken on seaweed, in a sausage shape, the full width of the seaweed. Sprinkle a little water on the far end of seaweed and roll up, sealing the edge. Dip each end of the roll in sesame seeds.

Fry in hot soybean oil, cooking about 8-10 minutes.

Sauce
1/2 c. soy sauce
5-6 T. sugar
**sprinkling of chopped garlic and
    ginger**
**Combine all ingredients and pour
    over the cooked rolls.**

Camarones de Fresa

Rinde 4 porciones

Camarones:
1/2 cucharadita de sal
1/2 cucharadita de pimienta blanca
1 cucharadita de sake (vino de arroz)
1 1/2 cucharaditas de fécula de maíz
1 libra de camarones grandes
1 cucharada de aceite vegetal
2-4 puntas de espárrago, picadas
10 fresas partidas a la mitad

Salsa:
1/2 taza de azúcar
1/2 taza de vinagre
1/2 taza de salsa de soya
1 diente de ajo, picado
2 cucharaditas de jengibre, picado
1/2 cucharadita de jalapeño, picado
1/4 de cucharadita de cayenne
Combinar todos los ingredientes y dejarlos reposar durante una noche.

Combinar la sal, pimienta, el sake, y 1/2 cucharadita de fécula de maíz, y remojar los camarones durante varias horas en un recipiente cubierto en el refrigerador. Calentar el aceite a temperatura media en un sartén o "wok" y agregar el ajo y jengibre. Cocinar aproximadamente 1 minuto y añadir los camarones, cocinándolos 1 minuto hasta que estén 80% cocidos. Agregar espárragos, fresas y salsa, y cocinar todo junto de 1 a 2 minutos. Agregar 1 cucharadita de fécula de maíz y cocinar hasta que la salsa espese. Servir con arroz de jazmín al vapor.

Strawberry Shrimp

Serves 4

Shrimp
1/2 t. salt
1/2 t. white pepper
1 t. sake
1 1/2 t. cornstarch
1 lb. large shrimp
1 T. vegetable oil
2-4 spears asparagus, chopped
10 strawberries, halved

Sauce
1/2 c. sugar
1/2 c. vinegar
1/2 c. soy sauce
1 clove garlic, chopped
2 t. ginger, chopped
1/2 t. jalapeño pepper, chopped
1/4 t. cayenne
Combine all the ingredients and
  let them sit overnight.

Combine salt, pepper, sake, 1/2 t. cornstarch and marinate the shrimp for several hours in a covered dish in the refrigerator. Heat oil to medium heat in sauté pan or wok and add garlic and ginger, Cook for about 1 minute and add shrimp, cooking 1 minute until 80% done. Add asparagus, strawberries and sauce and cook together for 1-2 minutes. Add 1 t. cornstarch and cook until sauce thickens. Serve with steamed jasmine rice.

Ciao! Baby

De joven, Manuel Maldonado tomó un empleo como lavaplatos en "Harry's Bar and American Grill" en Los Angeles. Él no sabía entonces que estaba lanzando una carrera culinaria que lo llevaría a ser uno de los chefs de más talento de la ciudad de Denver. Trabajando bajo la tutela de Noel Cunningham, quien ahora es el dueño de los restaurantes "Strings", "Ciao! Baby", y "240 Union", Manuel ascendió de lavaplatos a cocinero de línea y posteriormente a chef principal. Manuel vino a Denver a trabajar para Noel en "Strings" en 1986. En 1994, logró el puesto de chef principal en "Ciao! Baby", en el sureste de Denver, donde es felíz cocinando platillos italianos.

Ciao! Baby

Manuel Maldonado – Ciao! Baby
7400 E. Hampden Ave.
Denver, Colorado
303-740-0990

When young Manuel Maldonado took a job as a dishwasher at Harry's Bar and American Grill in Los Angeles, he didn't know that he was launching a culinary career which would lead him to become one of Denver's most talented chefs. Working under the tutelage of Noel Cunningham, who now owns Strings, Ciao! Baby and 240 Union Restaurants, Manuel worked his way up from dishwasher to line cook and eventually to head chef. Manuel came to Denver to work for Noel as chef at Strings in 1986. In 1994, he became head chef at Ciao! Baby in southeast Denver, where he enjoys cooking Italian cuisine.

Calamari Rapini

Rinde 4 porciones

12 piezas de calamares enteros,
   limpios
12 tentáculos de calamar
12 camarones pequeños
2 onzas de pan molido
1/4 de onza de queso parmesano
1 cucharada de perejil, picado
1 cucharada de albahaca, picada
1 diente de ajo, picado
jugo de 1/4 de limón amarillo
8 piezas de hojuelas de chile rojo
sal y pimienta, al gusto

Salsa:
1/2 taza de vino blanco
1 chalote, finamente picado
1 diente de ajo, finamente picado
hojuelas de chile rojo
1 taza de salsa de jitomate
1 taza de jitomates frescos

Picar los camarones y los tentáculos finamente. Agregar el resto de los ingredientes y mezclar en un tazón, excepto los calamares enteros. Prensar la mezcla a través de una bolsa plástica con un tubo sencillo pequeño. Rellenar los tubos de calamares a 3/4 con la mezcla. Usar un palillo para cerrar la boca del calamar.

Colocar los calamares en un sartén. Agregar chalotes, ajo, vino blanco y las hojuelas de chile rojo. Hervir. Hornear a 375° F por 4 minutos. Sacar del horno y colocar los calamares en una fuente de servir. Dejar reposar 1 minuto. Sacar los palillos. Reducir el líquido a la mitad. Agregar la salsa de jitomate, los jitomates picados, el perejil y la albahaca. Hervir. Servir la salsa con los calamares.

  picados
1 cucharada de perejil
1 cucharada de albahaca

Saltimboca alla Romana

Rinde 4 porciones

8 rebanadas de lomo de ternera,
   de 1 onza cada una
10 hojas de salvia
1 cucharadita de queso
   parmesano rallado
1 cucharadita de perejil picado
8 rebanadas delgadas de
   prosciutto
2 onzas de mantequilla clarificada
   (receta en sección de Básicos)
8 rebanadas de queso provolone
1/2 taza de vino blanco
1/2 taza de caldo de ternera

Quitar los gordos del lomo de ternera, y aplanar la carne, para que quede delgada. Sazonar con pimienta negra fresca, perejil y una rociadita de queso parmesano. Colocar una hoja de salvia en cada pieza del lomo de ternera. Cubrir con el prosciutto rebanado finamente. Enharinar ligeramente. Cocinar en un sartén caliente con mantequilla clarificada, con el lado cubierto de prosciutto hacia abajo primero. Cocinar por 45 segundos de cada lado. Sacar del sartén y colocar en un plato y mantenerlo caliente. Cuando termine de cocinar todas las piezas de carne, poner 1/2 taza de vino blanco en el sartén y reducir a la mitad. Agregar 2 hojas de salvia frescas, picadas. Dividir en partes iguales sobre la carne. Colocar rebanadas delgadas de queso provolone sobre cada pieza de lomo. Hornear o asar para derretir el queso. Servir inmediatamente.

Calamari Rapini

Serves 4

12 pc. cleaned calamari, whole
12 calamari tentacles
12 small shrimp
2 oz. breadcrumbs
1/4 oz. parmesan
1 T. parsley, chopped
1 T. basil, chopped
1 clove garlic, chopped
juice of 1/4 lemon
8 pieces red chile pepper flakes
salt and pepper to taste

Sauce
1/2 c. white wine
1 shallot, chopped finely
1 clove garlic, chopped finely
red chile pepper flakes
1 c. tomato sauce

Chop shrimp and tentacles finely. Add remaining ingredients and mix in a bowl except the whole calamari. Place the mixture in a piping bag with a small plain tube. Fill calamari tubes 3/4 full with mixture. Use a toothpick to close the mouth of the calamari.

Place calamari in pan. Add shallots, garlic, white wine and red chile pepper flakes. Bring to a boil. Place in a 375° oven for 4 minutes. Remove from oven and place calamari in a serving bowl. Allow to rest 1 minute. Remove toothpicks. Reduce cooking liquid by half. Add tomato sauce, diced tomatoes, parsley and basil, Boil. Serve sauce with calamari.

1 c. diced fresh tomatoes
1 T. parsley
1 T. basil

Saltimboca alla Romana

Serves 4

8 1 oz. slices of veal loin
10 sage leaves
1 t. parmesan, grated
1 t. parsley, chopped
8 thin slices prosciutto
2 oz. clarified butter, recipe in
   Basics section
8 slices provolone cheese
1/2 c. white wine
1/2 c. veal stock

De-fat and pound thin the loin of veal. Season with fresh black pepper, parsley, and a sprinkle of parmesan. Place one sage leave on each piece of veal. Cover with very thinly sliced prosciutto. Lightly flour. Cook in a hot pan with clarified butter, prosciutto side down first. Cook each side for 45 seconds. Remove from pan and place on a plate and keep warm. When finished cooking all veal, put 1/2 c. white wine in sauté pan and reduce by half. Add 2 freshly chopped sage leaves. Divide equally on veal. Place thin slices of provolone on each piece of veal. Place in oven or under broiler to melt cheese. Serve immediately.

Ravioli de Langosta con Mantequilla Dorada

Rinde 4 porciones

Relleno de Langosta:
1 taza de hinojo, finamente
    picado
1 cucharadita de chalote picado
1 cucharada de aceite de olivo
1/4 de taza de jerez
1 libra de carne de langosta,
    cocida y finamente picada
1/4 de taza de albahaca fresca, en
tiritas
1/2 taza de queso Fontina,
    rallado
sal y pimienta, al gusto

Pasta:
8 onzas de harina
8 onzas de semolina
2 huevos
1/4 de taza de vino blanco
sal y pimienta, al gusto
una pizca de nuez moscada
Combinar todos los ingredientes.

Salsa:
6 onzas de mantequilla
1 diente de ajo tostado (receta en
    sección de Básicos)
8 hojas de salvia
1 cucharadita de perejil, picado
1 onza de queso parmesano,
    rallado

Saltear el hinojo y los chalotes en aceite de olivo. Cuando el hinojo esté traslúcido y dorado, añadir el jerez y reducir el líquido durante un minuto; luego añadir la langosta. Agregar albahaca y queso, y sazonar al gusto con sal y pimienta.

Enrollar la pasta en forma de bola y cubrir con una toalla húmeda. Dejar reposar 1 hora. Dividir la masa de pasta en 4 partes iguales. Amasar la pasta con un rodillo formando un cuadro que quepa fácilmente en la máquina de pasta. Alisar la masa en ésta o con el rodillo, hasta que quede bien delgada. En una de las hojas de pasta, colocar bolitas de una cucharadita del relleno, separadas aproximadamente a 5 cm. de distancia. Cepillar una segunda hoja de la pasta con huevo y colocarla sobre la hoja que tiene las bolitas de relleno. Presionar entre las bolitas sellando la pasta y cortar en formas a su gusto (por ejemplo: cuadros, círculos o medias lunas). Hervir los ravioles en agua de 3 a 4 minutos.

Dorar 6 onzas de mantequilla, mezclando constantemente. Quitar de la lumbre y con mucho cuidado, agregar ajo, salvia y perejil. Agregar la pasta. Dividir en 4 platos y rociar con queso parmesano y asar bajo un broiler caliente de 1 a 2 minutos.

Lobster Ravioli with Brown Butter

Serves 4

Lobster Filling
1 c. fennel, finely diced
1 t. shallot, chopped
1 T. olive oil
1/4 c. sherry
1 lb. lobster meat, cooked and
    finely diced
1/4 c. fresh basil, julienned
1/2 c. Fontina cheese, grated
salt and pepper to taste

Pasta
8 oz. flour
8 oz. semolina
2 eggs
1/4 c. white wine
salt and pepper to taste
dash of nutmeg
Combine all ingredients.

Sauce
6 oz. butter
1 clove roasted garlic, recipe in
    Basics section
8 sage leaves
1 t. parsley, chopped
1 oz. parmesan, grated

Sauté fennel and shallot with olive oil. When fennel is translucent and golden brown, de-glaze with sherry and cook down liquid for a minute, then add lobster. Cool. Add basil and cheese and season to taste with salt and pepper.

Roll pasta into a ball and cover with a damp cloth and allow to rest 1 hour. Divide pasta dough into 4 equal pieces. Roll the pasta into a neat square with a rolling pin so it can easily fit into the highest number on the pasta machine. Roll out dough with a pasta machine or rolling pin to a very thin sheet. Take one sheet and place teaspoon size dollops of filling about 2" apart. Brush a second sheet of pasta with egg wash and place on top. Press in between pockets to seal and cut into desired shapes (such as squares, circles or half moons). Poach ravioli in rolling boiling water for 3-4 minutes.

Cook 6 oz. butter to nut brown stage, stirring constantly. Remove from heat and very carefully add garlic, sage, and parsley. Add pasta. Divide onto 4 plates and sprinkle with parmesan and glaze under hot broiler for 1-2 minutes.

Budín de Chocolate y Amaretto

Rinde 4 porciones

Salsa de Caramelo:
1 taza de azúcar
4 tazas de crema
1 trozo de canela
1/4 de cucharadita de
  bicarbonato

Budín de Pan:
1/2 bolsa de pan en rebanadas de
  1 cm.
1 huevo
1/2 taza de azúcar
2 tazas de media crema "half and
  half"
una pizca de canela
una pizca de nuez moscada
1 cucharadita de amaretto
6 gotas de vainilla
1 onza de cacao
1 cucharada de almendras
  cortadas a lo largo en trocitos
  finos
1 onza de azúcar morena

En una olla gruesa, convertir 1/2 taza de azúcar en caramelo hasta que adquiera un color oscuro (ver receta en sección de Básicos donde se detalla el método de caramelizar azúcar). Agregar los ingredientes restantes y hervir. La mezcla se hará espuma y tomará la consistencia de crema espesa de color café.

Batir el huevo con la crema ligera. Agregar todos los demás ingredientes excepto el pan. Agregar el pan al líquido y dejar que el pan absorba el líquido uniformemente. Colocar la mezcla en un molde para pay y cubrir con papel aluminio. Colocar el molde en baño María y hornear a 375° F por 1 1/2 horas. Dividir en cuatro platos. Servir con salsa de caramelo.

Chocolate Amaretto Bread Pudding

Serves 4

Caramel Sauce
1 c. sugar
4 c. cream
1 cinnamon stick
1/4 t. baking soda

Bread Pudding
1/2 loaf bread, sliced coarsely
   into 1/2" slices
1 egg
1/2 c. sugar
2 c. half and half
pinch of cinnamon
pinch of nutmeg
1 t. amaretto
6 drops vanilla
1 oz. baking cocoa
1 T. slivered almonds
1 oz. brown sugar

In a heavy pan, caramelize 1/2 c. of the sugar until dark brown (See recipe in Basics section detailing method of caramelizing sugar). Add remaining ingredients and bring to a boil. The mixture will foam up and come to a brownish color and will become the consistency of heavy cream.

Whip egg and half and half. Add all the ingredients except the bread. Add the bread to liquid and allow the bread to soak up the liquid evenly. Place the mixture in a pie dish and cover with foil. Place the baking dish in a bath of hot water and bake in oven at 375° for 1 1/2 hours. Divide into 4 plates. Serve with caramel sauce.

Cliff Young's

S ean es un nativo de Colorado, nacido y criado en la ciudad de Denver. Comenzó a trabajar en los mejores restaurantes de la ciudad cuando estaba aún en preparatoria y continuó haciéndolo mientras estudiaba en la universidad. Posteriormente asistió a la escuela de Chefs Americanos en los Viñedos Beringer de California, donde estudió bajo la tutela del Chef Madeline Kaaman. Sean ha llegado a donde está por medio de su trabajo arduo, desde "bus boy" (mozo de mesa) hasta chef ejecutivo. Ahora toma su profesión como una manera de vida, tratando de ser creativo dentro de los límites de las percepciones del cliente. Sean usa sólo ingredientes frescos dentro de sus temporadas, en un estilo que combina los sabores sencillos con "flair and panache".

Cliff Young's

Sean Brasel – Cliff Young's
700 E. 17th Ave
Denver, Colorado
303-831-8900

Sean is a home-grown native Coloradan, born and raised in Denver. He began to work the better restaurants of the city while still in high school and continued to do so while attending college. Eventually he attended the School for American Chefs at California's Beringer Vineyards, where he studied under the tutelage of Chef Madeline Kaaman. He has worked his way up the hard way, from bus boy to executive chef. He now treats his profession as a way of life, trying to be creative within the bounds of customer's perceptions. Sean uses only seasonally fresh ingredients in a style which combines simple flavors with flair and panache.

Gazpacho de Verano

Rinde 4 porciones

3 tazas de puré de jitomates frescos (puede ser sustituido con V-8)
4 cucharadas de cebolla colorada, finamente picada
4 cucharadas de cebolla verde, finamente picada
4 cucharadas de calabacitas, finamente picadas
4 cucharadas de pepino, finamente picado
4 cucharadas de calabaza, finamente picada
4 cucharadas de melón, finamente picado
4 cucharadas de pimiento amarillo tostado, finamente picado
1 cucharada de ajo, finamente picado

Pelar los jitomates y hacerlos puré en la procesadora o licuadora. Colar, para quitar cualquier impureza. Agregar los vegetales picados y sazonar al gusto. Dejar reposar en refrigeración durante 24 horas. Verter en platos de sopa y adornar con una rebanada de aguacate, camarones recién asados y una salpicada de aceite de olivo de calidad. Una ramita de cilantro, es adorno opcional. Servir inmediatamente.

2 cucharadas de aceitunas griegas, finamente picadas
salsa Tabasco, al gusto
salsa inglesa worcestershire, al gusto
sal y pimienta, al gusto
aceite de olivo extra virgen
1 cucharada de vinagre de resina
1 aguacate maduro
4 camarones grandes pelados y desvenados

Pez Espada en Remojo de Achiote

Rinde 4 porciones

4 filetes gruesos de pez espada
1 cucharada de pasta de achiote
1 limón, exprimido
1 cucharadita de polvo de chile
1 chile chipotle pequeño seco y molido (si no se consigue chipotle, sustituir con
  1 cucharadita de pimienta cayenne)
1/2 taza de aceite de olivo
1 cebolla colorada pequeña, picada
2 cebollitas de Cambray, picadas
1 pimiento amarillo pequeño, picado
1/4 de manojo de cilantro, picado
1/2 taza de harina de maíz
1 taza de frijoles negros cocidos
1 onza de jocoque
2 cucharadas de queso mozzarella ahumado, rallado
1 pimiento amarillo
1 diente de ajo
una pizca de tomillo fresco

En un tazón grande, mezclar achiote, jugo de limón, polvo de chile, polvo de chipotle y 1/2 taza de aceite de olivo. Remojar el pez espada 15 minutos antes de preparar. En una cazuela grande poner 2 tazas de caldo o agua y hervir con la cebolla picada, el pimiento amarillo picado y las cebollitas. Una vez que el caldo haya hervido 5 minutos, agregar la harina de maíz y los frijoles negros y cocinar a fuego lento por 15 minutos. Agregar el jocoque y el queso mozzarela ahumado y esparcer la mezcla en un molde de hornear de 4 x 6 pulgadas para enfriar. Cuando esté frío, cortar la polenta en cuatro formas. En una olla pequeña, añadir el pimiento amarillo, el ajo, el tomillo, el romero y 1 taza del caldo, y hervir a fuego lento 15 minutos. Hacer puré de esta mezcla en la licuadora y sazonar al gusto. Colar y mantener caliente hasta que se necesite. Asar el pez espada de 3 a 5 minutos por cada lado. En un sartén grande agregar 2 cucharadas de aceite de olivo y calentar a alta temperatura. Agregar las piezas de polenta de frijol negro y dorar por cada lado, luego colocar en una charola y hornear por 10 minutos a 350° F. Arreglar el plato poniendo un poco de la salsa en el mismo y colocando la polenta en el centro y el pescado arriba.

una pizca de romero fresco
2 onzas de aceite de olivo para cocinar

Summer Gazpacho

Serves 4

3 c. fresh tomato puree (V-8 may
   be substituted)
4 T. red onion, finely chopped
4 T. green onion, finely chopped
4 T. zucchini, finely chopped
4 T. cucumber, finely chopped
4 T. squash, finely chopped
4 T. cantaloupe, finely chopped
4 T. roasted yellow pepper, finely
   chopped
1 T. garlic, minced
2 T. Greek olives, minced
Tabasco sauce, to taste
worcestershire sauce, to taste
salt and pepper, to taste

extra virgin olive oil
1 T. balsamic vinegar
1 avocado, ripe
4 large shrimp, peeled and deveined

Core and skin tomatoes and purée in food processor or blender. Strain to remove any objectionable remains. Add finely chopped vegetables and season to taste. Let sit refrigerated for 24 hours. Pour into soup plates and garnish with a slice of avocado, freshly grilled shrimp and a thin swirl of a quality olive oil. A sprig of cilantro is an optional garnish. Serve immediately.

Achiote Marinated Swordfish

Serves 4

4 swordfish steaks
1 T. achiote paste
1 lime, juiced
1 t. chili powder
1 small dried ground chipotle (if
   no chipotle can be found
   substitute 1 t. cayenne pepper)
1/2 c. olive oil
1 small red onion, diced
2 scallions, diced
1 small yellow pepper, diced
1/4 bunch cilantro, minced
1/2 c. cornmeal
1 c. black beans, cooked
1 oz. buttermilk
2 T. smoked mozzarella, grated
1 yellow pepper
1 clove garlic
pinch of fresh thyme
pinch of fresh rosemary
2 oz. olive oil for cooking

In large bowl mix the achiote, lime juice, chili powder, chipotle powder and 1/2 c. olive oil. Marinate the swordfish 15 minutes before preparation. In a large pot add 2 cups of stock or water and bring to a boil with diced onion, diced yellow pepper and scallions. After the stock has boiled for 5 minutes, add the cornmeal and black beans and cook on low heat for 15 minutes. Add buttermilk and smoked mozzarella and spread the mixture on a 4" by 6" pan to cool. When cool cut the polenta into four shapes. In a small pot add yellow pepper, garlic, thyme, rosemary and 1 cup of stock and simmer 15 minutes. Purée this mixture in blender and season to taste. Strain and keep warm until needed. Grill the swordfish 3-5 minutes on each side. In a large pan add 2 T. olive oil and heat on high. Add the black bean polenta pieces and brown on each side, then place on sheet pan and bake for 10 minutes at 350°. Assemble the dish by pouring a bit of sauce on the plate and placing the polenta in the center with the swordfish on top.

Tarta de Pera con Strega de Limón

Rinde 6 a 8 porciones

Pasta de Tarta:
1 taza de harina
1 1/2 cucharaditas de azúcar
1/4 de cucharadita de sal
5 cucharadas de mantequilla
1 yema de huevo batida con 1
    cucharadita de licor Strega

Salsa de Caramelo:
1 taza de crema
2 cucharadas de anís, amarrado
    en un "sachet" (saquito de tela)
1 taza de agua
1 1/8 tazas de azúcar
1/2 limón amarillo, exprimido

Strega de Limón:
3/4 de taza de azúcar
1 1/4 peras Red Bartlett, peladas
    y rebanadas, sin el corazón
3 huevos
1 taza de crema
2 cucharaditas de raspadura de
    limón amarillo
1 cucharada de jugo fresco de
    limón amarillo
3 cucharadas de mantequilla
1/4 de taza de licor Strega

Adorno:
2 peras Red Bartlett, peladas y
    rebanadas, sin el corazón
2 cucharadas de mantequilla
2 cucharadas de azúcar

Mezclar harina, azúcar y sal, para la pasta de tarta, en la procesadora. Cortar la mantequilla en trozos y agregarla a la mezcla. Lentamente agregar también la yema de huevo, hasta que se haga una masa. Amasar con un poco de agua, hasta que se haga una bola. Extender con un rodillo, hasta lograr un diámetro de 14 pulgadas y dejar enfriar durante 20 minutos. Colocar en un molde para tarta de 11 a 12 pulgadas. Cubrir con papel aluminio y hornear a 350° F de 10 a 15 minutos.

Hervir la crema para la salsa de caramelo y dejar el "sachet" con anís en la mezcla de un día para otro en refrigeración. Colar el "sachet", sacándolo de la crema. Combinar agua tibia y azúcar en un sartén y hervir a fuego lento por 3 minutos. Agregar el jugo de limón amarillo. La mezcla de azúcar tardará de 15 a 20 minutos en acaramelarse. Cuando el azúcar se haya hecho caramelo, lentamente agregar la crema tibia sobre fuego lento y dejar que repose 5 minutos antes de gotear sobre la tarta.

En una olla, poner 1/4 de taza de agua, 3/4 de taza de azúcar y las rebanadas de pera. Romper hervor y reducir a fuego lento 40 minutos. Escurrir las peras y machacarlas con una cuchara. Agregar mantequilla hasta que se disuelva. En un tazón, batir los huevos, hasta que estén espumosos, y añadir la crema, el jugo de limón amarillo, la raspadura y Strega. Agregar esta mezcla al puré de pera y verter en la pasta precocida de pay.

Adornar la superficie de la tarta con rebanadas de pera ligeramente doradas en mantequilla y azúcar. Antes de servir, calentar la tarta un poco en el horno. Gotear con salsa de caramelo.

Pear Tart with Lemon Strega

Serves 6-8

Tart Shell
1 c. all purpose flour
1 1/2 t. sugar
1/4 t. salt
5 T. butter
1 egg yolk whipped with 1 t.
  Strega liqueur

Caramel Sauce
1 c. cream
2 T. anise, tied in a sachet
1 c. water
1 1/8 c. sugar
1/2 lemon, juiced

Lemon Strega
3/4 c. sugar
1 1/4 Red Bartlett pears,
  peeled, cored and sliced
3 eggs
1 c. cream
2 t. lemon zest, grated
1 T. fresh lemon juice
3 T. butter
1/4 c. Strega liqueur

Garnish
2 Red Bartlett pears, peeled,
  cored and sliced
2 T. butter
2 T. sugar

Mix flour, sugar and salt for tart shell in food processor. Cut up butter and add. Slowly add the egg yolk to mixture until it forms a dough. Remove and knead with a little water until dough forms a ball. Roll out into 14" diameter and let cool for 20 minutes. Put into a 11"-12" tart pan. Line with foil and beans and bake 350° for 10 - 15 minutes.

Bring cream for carmel sauce to a boil and steep the sachet with anise in it overnight in the refrigerator. Strain sachet out of cream. Combine warm water and sugar in a pan and simmer for 3 minutes, add lemon juice. Sugar mixture should take 15-20 minutes to caramelize. When sugar reaches caramel state slowly add warm cream over low heat and let stand 5 minutes before drizzling over tart.

In a saucepan add 1/4 c. water, 3/4 c. sugar and pear slices and bring to a soft boil. Reduce the heat and simmer 40 minutes. Drain the pears and mash with a spoon, fold in butter until dissolved. In a mixing bowl beat eggs until frothy, stir in cream, lemon juice, zest and Strega. Fold into pear purée and put into prebaked pie shell.

Garnish top of tart with pear slices sautéed in butter and sugar until brown. Before serving, warm tart slightly in the oven. Drizzle with caramel sauce.

El Tapanco

Nacido en Francia, Jean Louis es ahora el chef ejecutivo del restaurante "El Tapanco" en Saltillo, Coahuila, México. Asistió a la Academia Culinaria de París, donde no sólo aprendió a cocinar sino a hablar perfectamente el francés, el inglés y el español; definitivamente una ventaja para un chef que ha cocinado mundialmente. Comenzó en Alemania, luego fué a las Bahamas y durante un corto período cocinó para la familia real de Mónaco y el Sha de Irán. Ha estado en México desde hace ya algún tiempo, disfrutando el reto de presentar los sabores maravillosos del país en los platillos únicos y excitantes que se sirven en su restaurante en Saltillo. Él quería compartir con nosotros unas de sus recetas favoritas hechas con ingredientes mexicanos.

El Tapanco

Jean Louis Cottin – El Tapanco
Saltillo, Coahuila, Mexico

Born in France, Jean Louis is now the executive chef at the restaurant El Tapanco in Saltillo, Coahuila, Mexico. He went to the Culinary Academy in Paris, where he not only learned to cook but became fluent in French, English and Spanish, a definite benefit to a chef who has cooked worldwide. He started in Germany, then went to the Bahamas and for short periods of time cooked for both the Royal Family of Monaco and the Shah of Iran. He has been in Mexico for some time now, enjoying the challenge of matching the wonderful flavors of the country in the unique and exciting dishes served at his restaurant in Saltillo. He wanted to share with us some of his favorite recipes featuring Mexican ingredients.

Ensalada de Camarones Oaxaqueños

Rinde 6 porciones

**2 libras de camarones pequeños
cocidos
jugo de 5 limones
1/2 taza de aceite de olivo
1 lata pequeña de chiles verdes
picados
1 jitomate grande, pelado y
picado
un manojo de cebollitas de
Cambray, picadas
1/2 cabeza de col, finamente
rebanada
3 tazas de hojas verdes mixtas
1/2 taza de cilantro picado
sal y pimienta**

Lavar y escurrir el líquido de los camarones. Combinar el jugo de limón, el aceite de olivo, y el jugo de los chiles. Colocar los camarones en un tazón y verterles la mezcla de jugo de limón encima. Agregar los jitomates, las cebollitas de Cambray, los chiles, el cilantro, las hojas verdes mixtas y la col. Mezclar bien. Colocar en una fuente grande para servir. Adornar con aguacates y servir con totopos de maíz.

**2 aguacates, picados en cuadros grandes
totopos de maíz**

Pastel Azteca

Rinde 6 porciones

**12 tortillas
1/4 de libra de tocino picado y
cocido
1/2 cebolla, finamente picada
1 taza de queso Monterrey jack,
rallado
16 onzas de crema
hojas de epazote (si se las
encuentra)
2 tazas de salsa de jitomate
aceite y sal, según sea necesario
2 cucharadas de mantequilla
chiles verdes, al gusto**

En un poco de aceite, freir la cebolla, agregar tocino, chiles verdes y epazote. Sazonar con sal, al gusto. En un refractario pyrex engrasado de 8 pulgadas (20 cm.), colocar una capa de tortillas y luego una capa de la salsa de tocino. Agregar un poco de crema, queso y pedacitos de mantequilla. Sazonar con sal y pimienta y volver a colocar las capas en el mismo orden, hasta que todos los ingredientes se hayan utilizado. Hornear a 350° F durante 15 minutos.

Oaxaqueño Shrimp Salad

Serves 6

2 lb. small cooked shrimp
juice of 5 limes
1/2 c. olive oil
1 small can of diced green chilis
1 large tomato, peeled and
 chopped
handful of chopped scallions
1/2 head cabbage, finely sliced
3 c. mixed greens,
1/2 c. cilantro, chopped
salt and pepper
2 avocados, cut into chunks
tortilla chips

Wash and drain liquid from shrimp. Combine lime juice, olive oil and juice from chilis. Place shrimp in a bowl and pour lime juice mixture over, add tomatoes, scallions, chilis, cilantro, mixed greens and cabbage. Toss well. Place on a large platter, garnish with avocados and serve with tortilla chips.

Aztec Cake

Serves 6

12 tortillas
1/4 lb. bacon, chopped and
 cooked
1/2 onion, minced
1 c. Monterey jack cheese, grated
16 oz. cream
epazote leaves, if available
2 c. tomato sauce
oil and salt, as needed
2 T. butter
green chilis to taste

In a little bit of oil, sauté onion, add bacon, green chilis and epazote. Season with salt to taste. In an 8" greased pyrex baking dish, place a layer of tortillas, then a layer of bacon sauce. Add a little bit of cream, cheese and little pieces of butter. Season with salt and pepper and repeat until all ingredients are used up. Bake at 350° for 15 minutes.

Huachinango con Dos Salsas

Rinde 4 porciones

4 filetes de huachinango

Salsa de Mango:
1 mango grande
2 cucharadas de crema agria
2 cucharadas de azúcar
2 cucharadas de vinagre
1/2 cebolla blanca
sal y pimienta

Salsa de Chile Cascabel:
4 chiles cascabel
2 dientes de ajo, picados
1 cucharada de mantequilla
1 cucharadita de harina de maíz
sal y pimienta

Hacer puré del mango y la cebolla. Hervir el azúcar y el vinagre juntos, hasta que queden hechos caramelo. Agregar el mango licuado, la cebolla y los ingredientes restantes al caramelo y sazonar al gusto con sal y pimienta.

Saltear los chiles y el ajo en la mantequilla, hasta que estén dorados. Agregar la harina de maíz, licuar y colar.

Saltear el huachinango en mantequilla. Colocar sobre platos de servir y verter las dos salsas sobre el pescado, una en cada extremo. Servir con arroz.

Red Snapper with Two Sauces

Serves 4

4 filets red snapper

Mango Sauce
1 large mango
2 T. sour cream
2 T. sugar
2 T. vinegar
1/2 white onion
salt and pepper

Cascabel Chile Sauce
4 cascabel chiles
2 garlic cloves, chopped
1 T. butter
1 t. corn flour
salt and pepper

Purée the mango and onion. Boil the sugar and vinegar together until a caramel. Add the puréed mango, onion and remaining ingredients to the caramel and season to taste with salt and pepper.

Sauté chiles and garlic in butter until browned. Add the corn flour and purée and strain.

Sauté red snapper in butter. Place on a serving plate and pour the two sauces over the fish, one on each side of the fish. Serve with rice.

European Cafe

Nacido en Praga, Checoslovaquia, la familia de Radek perdió sus propiedades a los comunistas en 1948. Las opciones de supervivencia para Cerny fueron las de mecánico auto-motríz o de cocinero. Aún es aficionado a los carros, pero decidió cocinar bajo la teoría de que así nunca tendría hambre. Se unió a un grupo de turistas de Yugoslavia donde logró persuadir a un taxista para que lo llevara a la frontera italiana por mil dólares. Allí cruzó la frontera hacia la libertad, llegando a Nueva York sin un quinto en 1979. Una organización de ayuda le consiguió un empleo en el "Mark Resort" en Vail. Dos años después se encontraba trabajando para sus paisanos checoslovacos, y durante los años que siguieron cocinó en clubes y restaurantes de clase de la ciudad de Denver. En 1987 su sueño se hizo realidad cuando pagó diez mil dólares para estudiar en Francia bajo Roger Verge. A su regreso, en 1989, abrió el "European Cafe" en Boulder, y posteriormente se expandió a los restaurantes "European Cafe" y "Al Fresco" en el centro de la ciudad de Denver, donde ahora muestra su talento cada noche.

European Cafe

Radek Cerny – European Cafe
1515 Market
Denver, Colorado
303-825-6555

Born in Prague, Czechoslovakia, Radek's family lost their property to the communists in 1948. Cerny's options for survival were as an auto repairman or a cook. While he has had a lifelong love of cars, he chose to cook on the theory that he would never go hungry. He joined a tour group to Yugoslavia where he was able to persuade a taxi driver to take him to the Italian border for one thousand dollars. There he crossed the border to freedom. Arriving in New York penniless in 1979, a sponsoring organization arranged a job for him at the Mark Resort in Vail. Two years later found him in the employ of fellow Czechs and over the next few years he cooked in Denver clubs and upscale restaurants. In 1987 his dream came true when he paid ten thousand dollars to study in France with Roger Verge. Upon his return in 1989, he opened the European Cafe, Boulder and eventually expanded to the European Cafe and Al Fresco restaurants in lower downtown, Denver, where he now shows off his talent each evening.

Aceites de Especias Molidas

Aceites de Especias Molidas
Mostaza
Paprika
Curri
Cúrcuma
Jengibre
Alcaravea
Cardamomo
Ajo
Comino
Anis
Canela
Wasabi
Hinojo
Azafrán

Cada especia está en forma de polvo. Para hacer un aceite de especia, primero mezclar agua con una especia en polvo. Esto rejuvenece o "despierta" el sabor de la especia. Mezclar 3 cucharadas de la especia molida con 3 cucharadas de agua hirviendo para crear una pasta. Si la pasta está muy seca, agregar un poco más de agua. La pasta debe tener la consistencia de salsa de tomate, catsup. Colocar la pasta en un jarro transparente. Agregar 2 tazas de aceite de canola. Sellar bien el jarro y agitar vigorosamente. Dejar que repose 2 días. Se puede agitar de nuevo el aceite varias veces para que quede más fuerte el sabor del aceite. Las partículas de la especia se irán asentando poco a poco en la base del jarro. Después de 2 días, quitar el aceite de la superficie con un cucharón, teniendo cuidado de no remover los sólidos asentados de la especia. Deshechar los sólidos. Filtrar el aceite -no los sólidos- a través de un filtro de papel para café o dos dobleces de tela para cuajar quesos. Puede guardarse el aceite de especia ya filtrado en un jarro bien sellado en el refrigerador, o a temperatura ambiente hasta unos 6 meses.

Ground Spice Oils

Ground Spice Oils
Mustard
Paprika
Curry
Turmeric
Ginger
Caraway
Cardamom
Garlic
Cumin
Anise
Cinnamon
Wasabi
Fennel
Saffron

Each spice is in powdered form. To make a spiced oil, first mix water with the ground spice. This rejuvenates or "wakes up" the flavor of the spice. Mix 3 T. ground spice with 3 T. boiling water to make a paste. If the paste is very dry add a little more water. The paste should be the consistency of ketchup. Put the paste in a clear jar. Add 2 cups of canola oil. Cover the jar tightly and shake vigorously. Set the jar on a shelf for 2 days. You may shake the oil several times to increase the strength of the oil. The spice particles will gradually settle to the bottom of the jar. After 2 days, remove the oil on top with a ladle, being careful not to disturb the solids at the bottom too much. Discard the solids. Filter the oil-not the solids-through a paper coffee filter or double thickness of cheesecloth. Store the spiced oil, tightly covered in the refrigerator or at room temperature for up to 6 months.

Moluscos Bivalvos Colorados

Rinde 4 porciones

Relleno de Betabel:
2 betabeles
1 cucharada de mantequilla

Vinagreta:
2 cucharadas de jugo fresco de
    limón amarillo
6 cucharadas de aceite de olivo
    extra virgen
1 onza de queso de cabra

Relleno de Ajo:
10 dientes de ajo, pelados
2 cucharadas de aceite de olivo
    extra virgen

1 1/2 libras de moluscos bivalvos
    de mar, grandes
4 papas medianas de Idaho
2 cucharadas de vinagre de jerez
4 cucharadas de aceite de olivo
1 cucharada de cebollín picado
2 cucharadas de mantequilla
    clarificada o aceite de olivo
    extra virgen
1/2 taza de azafrán o aceite de
    jitomate

Hornear los betabeles envueltos en papel aluminio durante 45 minutos a 350° F. Hacerlos puré con la mantequilla. Usando sólo la mitad los moluscos, hacerles un corte y rellenarlos con esta mezcla. Refrigerarlos, bien sellados, de un día para otro. Los moluscos tomarán un color rosado fuerte. Saltearlos y servir con jugo de limón amarillo y queso de cabra a la vinagreta.

Combinar el jugo de limón amarillo y el queso de cabra. Lentamente agregar el aceite de olivo, batiendo con batidor de alambre.

Pasar el ajo por agua hirviendo durante 15 segundos, escurrir y repetir 3 veces, cambiando el agua después de cada remojada. Hacerlos puré en una procesadora pequeña o en la licuadora. Agregar 2 cucharadas de aceite de olivo y licuar de nuevo, hasta que esté suave. Tomar la mitad restante de los moluscos, hacerles un corte en el costado y rellenarlos con aproximadamente 1/2 cucharadita del puré de ajo. Sellar bien y refrigerar hasta que se necesiten, pero no de un día para otro.

Pelar las papas. Cocinarlas enteras en agua salada, de 15 a 20 minutos hasta que estén suaves al picarlas con un tenedor. Escurrir y cortar en rebanadas de 1 cm. Mezclar con el vinagre, el cebollín y las 4 cucharadas restantes de aceite de olivo. Si los moluscos están mojados, secarlos delicadamente. Derretir la mantequilla a fuego medio y saltear los moluscos por ambos lados hasta que estén doraditos. Para servir, con una variación interesante, colocar montículos de cada uno de los moluscos y la ensalada de papas sobre cada plato, y gotear por encima con el aceite de azafrán. Si se desea, puede usarse sólo una de las preparaciones de molusco en vez de las dos.

Blushing Scallops

Serves 4

Beet Filling
2 beets
1 T. butter

Vinaigrette
2 T. fresh lemon juice
6 T. extra virgin olive oil
1 oz. goat cheese

Garlic Filling
10 cloves garlic, peeled
2 T. extra virgin olive oil

1 1/2 lb. large sea scallops
4 medium Idaho potatoes
2 T. sherry vinegar
4 T. olive oil
1 T. chives, chopped
2 T. clarified butter or extra virgin
   olive oil
1/2 c. saffron or tomato oil

Bake beets, wrapped in foil for 45 minutes in 350° oven. Purée with butter. Cut a small pocket in half of the scallops and fill with this mixture. Refrigerate, tightly covered overnight. The scallops will turn bright pink. Sauté them and serve with lemon and goat cheese vinaigrette.

Combine lemon juice and goat cheese, slowly whisk in olive oil.

Blanch the garlic in boiling water for 15 seconds, drain and repeat 3 times, changing the water after each time. Purée in a small food processor or blender. Add 2 T. olive oil and blend again until smooth. Take the remaining 1/2 of the scallops and cut a small pocket into the side of each and pipe in about 1/2 t. of the garlic purée. Cover tightly and refrigerate until needed, not overnight.

Peel potatoes. Cook them whole in boiling salted water until tender when pierced with a fork, about 15-20 minutes. Drain and cut into 1/2" slices. Mix with the vinegar, chives and remaining 4 T. olive oil. If the scallops are wet, lightly pat dry. Melt the butter over medium high heat and sauté until golden brown on both sides. To serve, for a striking variation, place mounds of each scallop mixture on each plate and the potato salad and a drizzle of saffron oil. If desired use only one scallop preparation instead of both.

Langosta con Especias Tailandesas

Rinde 4 porciones

4 langostas de 1 1/2 libras
4 cucharadas de mantequilla
dulce
1/2 cucharadita de pasta de
camarón*
1/2 cucharadita de pasta de curri*
1/3 parte de una zanahoria
mediana, pelada y cortada
en tiritas
1/2 taza de vino blanco de
Oporto
1/4 de una manzana, pelada y
cortada en tiritas
1/2 cucharadita de cúrcuma
1/4 de taza de crema espesa,
batida
1 cucharada de cilantro picado
sal y pimienta molida fresca, al
gusto

Remojar las langostas en agua salada hirviendo, por 2 minutos. Escurrir. Cuando se enfríen al punto de poderlas trabajar, delicadamente separar la pulpa carnosa en una pieza entera, de las pinzas y la cola. Poner a un lado. Derretir 2 cucharadas de mantequilla en una cazuela pequeña a fuego medio. Agregar las pastas de camarón y de curri y saltear durante 20 segundos. Agregar el vino blanco de Oporto y la manzana. Cocinar hasta que esté casi seco. Agregar la cúrcuma y hervir. Quitar de la llama, y agregar cilantro y sal al gusto. Mantener caliente. Justo antes de servir, agregar la crema batida y mezclar suavemente. Derretir las 2 cucharadas de mantequilla restantes en un sartén grande. Agregar la pulpa de langosta y saltear 2 minutos. Sazonar con sal y pimienta y servir cubiertos con la salsa.

*Disponible en mercados asiáticos.

Camarones en Jugo de Zanahoria Picante

Rinde 4 porciones

32 camarones grandes
10 zanahorias medianas, peladas
una pizca de cada uno: canela
molida, clavos molidos, nuez
moscada, sal y
pimienta cayenne
1 cucharadita de jugo fresco de
limón amarillo
6 cucharadas de mantequilla
dulce
2 cucharadas de perifolio picado
opcional: 1 cucharadita de polvo
de curri

Adorno:
3 zanahorias, cortadas en tiritas y
ligeramente enharinadas.
Sacudir el exceso de harina y
freir hasta que estén doraditas,
aproximadamente 10 segundos.

Pelar y desvenar los camarones, dejando las colas intactas. Hacer 2 tazas de jugo con las zanahorias. En una cazuela, combinar el jugo de zanahoria, las especias y el jugo de limón amarillo. Agregar 4 cucharadas de mantequilla, batiendo con batidor de alambre. Hervir, quitar de la lumbre, y mantener caliente. En un sartén grande, derretir 2 cucharadas de mantequilla a fuego medio, agregar los camarones y saltear 1 1/2 minutos por cada lado hasta que estén completamente rosados. Sazonar con sal y pimienta cayenne. Acomodar 8 camarones en cada uno de los 4 platos de sopa y verter la salsa de zanahoria caliente sobre ellos. Adornar con un poco de perifolio picado y zanahorias en tiritas.

Lobster with Thai Spices

Serves 4

4 11/2 lb. lobsters
4 T. sweet butter
1/2 t. shrimp paste*
1/2 t. curry paste*
1/3 medium carrot, peeled and
    julienned
1/2 c. white port
1/4 apple, peeled and julienned
1/2 t. turmeric
1/4 c. heavy cream, whipped
1 T. cilantro, chopped
salt and freshly ground pepper to
    taste
*Available at Asian markets

Blanch the lobsters in salted boiling water for 2 minutes. Drain. When cool enough to handle, carefully remove the meat in one piece from the claws and tails. Set aside. Melt 2 T. butter in a small saucepan over medium high heat. Add the shrimp and curry pastes and sauté 20 seconds. De-glaze the pan with port and add the apple. Cook until almost dry. Add the turmeric and bring to a boil. Remove from the heat, add cilantro and salt to taste. Keep warm. Just before serving fold in whipped cream. Melt the remaining 2 T. butter in a large sauté pan. Add the lobster meat and sauté 2 minutes. Season with salt and pepper and serve napped with the sauce.

Shrimp in Spicy Carrot Juice

Serves 4

32 large shrimp
10 medium carrots, peeled
pinch each of ground cinnamon,
ground clove, nutmeg, salt and
    cayenne pepper
1 t. fresh lemon juice
6 T. sweet butter
2 T. chervil, chopped
optional: 1 t. curry powder

Garnish
3 carrots, julienned and lightly
dusted with flour, excess shaken
off and fried until crisp, about 10
seconds

Peel and devein the shrimp, leaving the tails intact. Juice the carrots, you should have 2 cups of carrot juice. In a saucepan, combine the carrot juice, spices and lemon juice. Whisk in 4 T. butter. Bring to a boil and remove from burner, keep warm. In a large sauté pan, melt 2 T. butter over medium-high heat, add the shrimp and sauté 11/2 minutes per side until thoroughly pink. Season with salt and cayenne pepper. Arrange 8 shrimp in each of 4 soup plates, nap with the warmed carrot sauce. Garnish with a little chopped chervil and julienned carrots.

Aceite de Jitomate

Rinde 3/4 de taza

**4 jitomates de bola grandes
1/4 de taza de aceite de olivo
  extra virgen
1 cucharada de tomillo, picado***

Pasar los jitomates, con cáscara, por un extractor de jugo. Debe obtener 3 tazas de jugo. En una cazuela sobre fuego medio, reducir el jugo de jitomate 2/3, hasta que quede aproximadamente 1 taza de jugo. Colar con una coladera fina y pasar a otra cazuela limpia. Reducir a una miel, no más de 1/2 taza. Agregar el aceite de olivo y el tomillo. Almacenar, bien sellado en el refrigerador hasta un tiempo máximo de 2 semanas.

*En lugar del tomillo, pruebe usando albahaca fresca picada.

Al Vapor

**Al vapor usando envoltura
  plástica:
Pescado Grueso (2.5 cm.): 7
  minutos ("Halibut", "Monkfish",
  Pez Espada, Salmón)
Molusco Bivalvo de Mar: de 7 a 8
  minutos
Camarón
Mediano: de 5 a 7 minutos
Grande: 8 minutos
Extra Grande: 10 minutos
1/2 Pechuga de Pollo
  Deshuesada: 15 minutos**

Al vapor es una manera perfecta de cocinar con facilidad aves, pescado y mariscos. Se cuecen rápidamente sin robar los jugos de las comidas. En la cocina del restaurant, yo uso un vaporizador tradicional chino de canasta de bambú. Usted puede usar cualquier tipo de vaporizador, comprado o improvisado.

Cocinar con vapor significa cocinar rápidamente con calor intenso. Yo he ideado un método de proteger el pescado o lo que sea que se vaya a vaporizar, envolviéndolo en plástico antes de colocarlo en el vaporizador. Esto previene contacto directo con el vapor y crea un delicado "segundo vapor" dentro del plástico. La envoltura mantiene todos los jugos al cocinar. Yo uso plástico de la calidad recomendada para hornos de microonda porque está especialmente diseñado para tolerar altas temperaturas. Los camarones se cuecen muy bien con o sin la protección del plástico. Como verá de acuerdo a la guía anterior, el camarón se cocina más rápidamente sin el plástico.

El vapor funciona mejor si los productos a cocinarse- camarones, pescado, carnes, o lo que sea, se acomodan en una sola capa. No debe encimar los moluscos, por ejemplo; sino acomodarlos en un paquete plano. Puede esparcer una cantidad pequeña de verduras medio cocidas sobre el paquete de comida. Las verduras terminarán de cocinarse al mismo tiempo.

Al vapor usando envoltura plástica:

1. Cortar un cuadro de envoltura plástica lo suficientemente grande para contener la comida en un paquete plano. Colocar la comida en el plástico.

2. Sazonar la comida esparciendo sobre ella hierbas frescas y 1 cucharada de aceite de olivo extra virgen. No debe sazonar con sal ni pimienta porque extraerá los jugos de la comida.

3. Envolver bien el contenido en un paquete plano. Colocar el paquete en un vaporizador sobre agua hirviendo y cubrir.

4. Vaporizar durante el tiempo recomendado por la receta o use la guía anterior.

5. Desenvolver con cuidado el paquete (tijeras o un cuchillo filoso le ayudarán a abrir el paquete con mayor facilidad).

6. Sazonar inmediatamente después de vaporizar.

Servir con cualquiera de los jugos, vinagretas, aceites sazonados o caldos.

Tomato Oil

Makes 3/4 cup

**4 large beefsteak or plum
  tomatoes
1/4 c. extra virgin olive oil
1 T. thyme, chopped***

Put the tomatoes, unpeeled through a juice extractor. You should have 3 cups of juice. In a saucepan over medium-high heat, reduce the tomato juice by two-thirds to about 1 cup. Strain through a fine mesh strainer into a clean saucepan. Reduce to a syrup, no more than 1/2 cup. Stir in the olive oil and thyme. Store, tightly covered, in the refrigerator for up to 2 weeks.

*Instead of thyme, try minced fresh basil.

Steaming

**Steaming in plastic wrap
Thick Fish (1″ thick): 7 minutes
(Halibut, Swordfish, Monkfish,
Salmon)
Sea Scallops: 7-8 minutes
Shrimp
Medium: 5-7 minutes
Large: 8 minutes
Jumbo: 10 minutes
Boneless half Chicken Breast: 15
minutes**

Steaming is a perfect way to simply cook poultry, fish and shellfish. It cooks rapidly without robbing the foods of their juices. In the restaurant kitchen, I use a traditional Chinese bamboo basket steamer. You can use any form of steamer, whether purchased or improvised.

Cooking with steam means rapid cooking with intense heat. I have devised a method of protecting the fish or whatever I want to steam by wrapping it in a plastic wrap before placing it in the steamer. This prevents direct contact with steam and creates a gentle "second steaming" within the plastic. The wrapping saves all the cooking juices. I use a plastic wrap formulated for use in microwave ovens-it is specially made to withstand high temperature. Shrimp does very well with or without the protection of plastic wraps. As you see from the guide above, shrimp cook more quickly without the plastic.

Steaming works best when the food to be cooked-shrimp, fish, steaks, whatever, is arranged in a single layer. Don't stack scallops, for example; instead arrange them in a flat package. You may scatter a small quantity of half-cooked cut-up vegetables over the food in the package. The vegetables will finish cooking at the same time.

Steaming in plastic wrap

1. Tear off a square of plastic wrap large enough to hold the food in a flat package. Place the food on the plastic.

2. Flavor the food with a scattering of fresh herbs and 1 T. extra virgin olive oil. Do not season with salt and pepper as this will draw moisture from the food.

3. Wrap the contents securely into a flat package. Place the package in a steamer set over rapidly boiling water and cover.

4. Steam for the time given in the recipe or use the guide above.

5. Carefully unwrap the package (scissors or a sharp knife will make opening the hot package easier).

6. Season immediately after steaming.

Serve with any of the juices, vinaigrettes, flavored oils or broths.

Flagstaff House

Mark nació en el negocio de los restaurantes, puesto que su padre, Don, fué el creador de "Flagstaff House". Tanto él como sus hermanos y hermanas, se han mantenido en el negocio en diversas capacidades. Mark es una verdadera estrella, convirtiéndose en el chef ejecutivo del tan popular establecimiento. Recibió su entrenamiento culinario en Nueva York durante cuatro años, luego en "La Reserve" y de allí a Francia por un año y medio en el "Taillevent" y el "Toigros". Más tarde, fué al Medio Oriente para continuar sus estudios. Su cocina refleja su educación extensa. El "Flagstaff House" se encuentra en su vigésimo segundo año, y se le conoce por su increíble lista de vinos, su asombrosa cava y su vista espectacular. Con todo esto y sus platillos de igual categoría, Mark continúa su empeño en alcanzar nuevos sabores en su cocina.

Flagstaff House

Mark Monette – Flagstaff House
Flagstaff Mt. Road
Boulder, Colorado
303-442-4640

Mark was born into the business, as dad Don was the creator of the Flagstaff House. He and his brothers and sisters have all stayed with the business in different capacities. Mark is a real star, becoming executive chef of the very popular establishment. He received his culinary training in New York for four years, then to La Reserve and off to France for a year and a half at Taillevent and Toigros. He then went on to the Far East for further study. His cuisine reflects his extensive training. The Flagstaff House is in its twenty-second year and is known for its incredible wine list, amazing cellar and spectacular view. With all this and cuisine to match, Mark continues to reach for more new tastes in his cooking.

Crema de Elote con Langosta

Rinde 6 porciones

2 tazas de vino blanco
1 cebolla picada
3 dientes de ajo picados
1 ramita de tomillo
pimienta entera
1 hoja de laurel
3 libras de mejillones
1 taza de elote fresco, en grano
2 tazas de caldo de pescado
1 litro de crema
2 cucharadas de mantequilla
una pizca de azafrán
1/2 taza de pulpa de langosta,
** picada**

1 pimiento rojo, picado
1 pimiento amarillo, picado
sal y pimienta, al gusto

Hervir juntos el vino, el ajo, la cebolla, el tomillo, la pimienta entera y la hoja de laurel. Al hervir, agregar los mejillones y poner al vapor hasta que se abran. Colar el líquido a otra olla y agregar el azafrán y el caldo de pollo, hasta reducir. Agregar la crema y reducir. Colocar en la licuadora con mantequilla. Sacar y agregar la langosta, los mejillones sin concha, los pimientos picados y el elote, y sazonar.

Pechuga de Pollo Cubierta con Papa

Rinde 2 porciones

2 pechugas de pollo deshuesadas
2 onzas de queso gorgonzola
2 onzas de queso de cabra fresco
2 onzas de queso de cabra seco

1 papa grande tipo Idaho
2 cucharadas de agua
aceite para ensalada
papel celofán
sal y pimienta

Salsa de Vino de Oporto
4 chalotes
1 tallo de apio
1 puerro
hoja de laurel
tomillo
1 cucharada de aceite de olivo
1 1/2 tazas de vino de Oporto
2 tazas de caldo de ternera
sal y pimienta, al gusto
Seis Variedades de Champiñones
Silvestres, 1 onza de cada uno:

Sazonar las pechugas de pollo y rellenar con el queso. Enrollar en papel celofán y refrigerar.

Cortar la papa en tiritas y colocar en un sartén caliente con aceite, moviéndolas continuamente hasta que comiencen a pegarse. Agregar una cucharada de agua y continuar moviendo. Cuando quede pegajoso, sacar y untar una capa delgada en el papel celofán. Refrigerar y enrollar alrededor del pollo. Quitar el celofán. Saltear la pechuga cubierta con papa, por todos los lados.

Saltear los chalotes, el apio, el puerro y la hoja de laurel en aceite. Agregar el vino de Oporto y reducir. Agregar el caldo de ternera y reducir. Sazonar con sal y pimienta.

Saltear los champiñones, hasta que estén casi cocidos. Agregar chalotes y romero. Agregar salsa de vino y reducir. Colocar el pollo sobre el "ragout" de champiñones.

crimini, ostión de árbol, morilla, cèpe, portobello, shiitake
1 cucharada de aceite de olivo
1 cucharadita de chalotes
una pizca de romero picado

Lobster Corn Chowder

Serves 6

2 c. white wine
1 onion, chopped
3 cloves garlic, chopped
1 sprig thyme
peppercorns
bay leaf
3 lb. mussels
1 c. fresh corn, shucked
2 c. fish stock
1 qt. cream
2 T. butter
pinch of saffron
1/2 c. lobster meat, diced

Boil together the wine, garlic, onion, thyme, pepper-corns, and bay leaf. When boiling, add mussels and steam until open. Strain the broth into another pot and add saffron and fish stock, reduce. Add the cream and reduce. Place in blender with butter. Remove and add lobster, mussels removed from the shell, diced peppers, corn and season.

1 red pepper, diced
1 yellow pepper, diced
salt and pepper to taste

Potato Crusted Chicken Breast

Serves 2

2 boneless chicken breasts
2 oz. gorgonzola cheese
2 oz. fresh goat cheese
2 oz. dried goat cheese

1 large Idaho Potato
2 T. water
salad oil
cellophane
salt and pepper

Port Wine Sauce
4 shallots
1 celery rib
1 leek
bay leaf
thyme
1 T. olive oil
1 1/2 c. port wine
2 c. veal stock
salt and pepper to taste
Six Varieties of Wild Mushrooms

Season chicken breasts and fill with cheese. Roll in cellophane and chill.

Julienne the potato and place in hot oiled skillet and stir continuously until sticky. Add 1 T. water and continue to stir. When gummy, remove and spread in a thin layer on cellophane. Chill and roll around the chicken. Remove cellophane. Sauté the potato crusted chicken breast on all sides.

Sauté shallots, celery, leek, and bay leaf in oil. Add port wine and reduce. Add veal stock and reduce. Season with salt and pepper.

Sauté mushrooms until almost cooked. Add shallots and rosemary. Add port wine sauce and reduce. Place chicken on top of mushroom ragout.

1 oz. each: crimini, tree oyster, morel, cèpe, portobello, shiitake
1 T. olive oil
1 t. shallots
pinch of chopped rosemary

Marqués de Chocolate

Rinde 10 porciones

17 1/2 onzas de chocolate extra semiamargo, derretido en baño Maria
8 onzas de mantequilla
7 yemas de huevo
7 claras de huevo
5 1/4 onzas de azúcar

Batir las claras de huevo hasta que se formen picos suaves, agregar el azúcar poco a poco, hasta que tome la consistencia de merengue. Mezclar suavemente con la mezcla de chocolate. Verter en un molde y refrigerar 24 horas. Sacar del molde y rebanar.

Mezclar el chocolate derretido y enfriado, con la mantequilla, y agregar las yemas de huevo.

Chocolate Marquis

Serves 10

**17 1/2 oz. extra bittersweet
chocolate, melted over hot
water**
8 oz. butter
7 egg yolks
7 egg whites
5 1/4 oz. sugar

Beat egg whites until soft peaks, add sugar slowly until meringue consistency. Fold into chocolate mixture. Pour into terrine and chill 24 hours. Unmold and slice.

Mix the melted and cooled chocolate with the butter and yolks.

The Fort

Sam Arnold no sólo es un talentoso "restauranteur", sino también una autoridad en comidas del suroeste, y del oeste de antaño. El es además un escritor, un locutor, y un gigante de los medios publicitarios. Su restaurante, "The Fort", es una réplica tipo castillo del Fuerte de Bent de 1834, escondido entre las vistosas Piedras Rojas cerca de Morrison, Colorado. Sam es un experto en chiles, historia y un anfitrión incomparable. El restaurante es como Sam: abierto, honesto y lleno de calor humano. El profundo conocimiento que tiene Sam de la cocina de los días de la frontera americana, con sus raíces en la cocina de los indios nativos de América del Norte y los ancestros Vascos de España, han afectado en gran manera el menú en "The Fort", con platillos que toman un paso atrás en la historia, mientras que añaden gustos contemporáneos a su presentación. Claramente, su amor a la vida proviene no de una rociadita de raspadura de limón, sino del chile asado entero de la vida.

The Fort

Sam Arnold – The Fort
19192 Rte. 8
Morrison, Colorado
303-697-4771

S am Arnold is a many talented restaurateur as he is an authority on foods of the southwest and early west. He is also a writer, a speaker, a radio host and media giant. His restaurant, The Fort, is a castle-like replica of the 1834 Bent's Fort nestled against scenic Red Rocks near Morrison, Colorado. Sam is an expert on chilies, history and hosting. The restaurant, like Sam, is warm, open and honest. Sam's deep knowledge of American frontier cookery with his roots in Native American cuisine and Spanish Basque heritage has greatly affected the menu of The Fort, with dishes taking a step back in history while adding contemporary tastes in presentation. Clearly his zest for living stems not from a sprinkle of grated lemon rind, but from the roasted whole chili of life.

Corte de "New York Strip" Relleno con Chiles

Rinde 4 porciones

6 chiles frescos Anaheim o cualquier otro chile no muy picante
4 cucharadas de aceite de canola o aceite de olivo ligero
1 cucharada de harina
1/2 taza de caldo de pollo
1 diente de ajo, pelado y finamente picado
1 pizca de orégano griego o mexicano
2 filetes corte New York Strip o Top Sirloin (aguayón), de 10 onzas cada uno y de un grosor de 4 a 5 cm., con el exceso de gordo recortado.
1/2 cucharadita de pimienta negra molida, fresca
1/4 de cucharadita de pimienta cayenne
1/2 cucharadita de sal de ajo
1/2 cucharadita de cristales de ácido cítrico (sal agria), opcional

Si se usa una parrilla de carbón, prender el carbón. Preparar los chiles asándolos sobre la llama o en el horno, colocándolos en una bolsa de papel para vaporizarlos un poco. Frotar los chiles, para quitarles el pellejo. Sacar las semillas que se hallan prendidas al tallo en la parte superior del chile, pero dejar las demás semillas que quedan en los costados. Partir un chile en cuartos a lo largo y poner a un lado para adornar las carnes. Picar el resto de los chiles y ponerlos a un lado. (Este paso puede hacerse con un día o más de anticipación. Refrigerar los chiles hasta que estén listos para usarse). En una cacerola pequeña, calentar 1 cucharada del aceite de canola. Agregar harina y cocinar brevemente hasta que se espese haciendo un "roux". Agregar el caldo de pollo, ajo picado y orégano y cocinar brevemente para espesarlo. Agregar los chiles previamente picados, mezclar y quitar del fuego, poniéndolo a un lado. Preparar las carnes, haciéndoles un corte horizontal profundo a cada una, teniendo cuidado de no cortar los costados. Untar las carnes con el resto del aceite. Mezclar la pimienta negra, la pimienta cayenne, la sal de ajo y los cristales cítricos, si se desea. Untar las carnes con esta sazón seca, por ambos lados. Rellenar cada carne con un poco de la mezcla de los chiles, dejando aproximadamente media taza para adornar.

Nota: Los chiles, que tardan de 30 a 40 minutos para prepararse, pueden ser preparados de antemano.

Negritas

Rinde 5 porciones

10 onzas de chocolate reina Ghirardelli, derretido en baño Maria
3 claras de huevo, batidas hasta que queden tiesas
3 yemas de huevo
1/8 de taza de ron oscuro Meyer's

Mezclar las yemas batidas suavemente con las claras batidas. Mezclar con el chocolate derretido y agregar el ron. Verter en tarritos de 2 1/2 onzas. Refrigerar y servir con crema batida.

Chile stuffed New York Strip

Serves 4

**6 fresh green Anaheim or other
medium hot chile peppers**
4 T. canola or light olive oil
1 T. flour
1/2 c. chicken stock
1 clove garlic, peeled and minced
**1 pinch Greek or Mexican
oregano**
**2 New York strip or top sirloin
steaks, 10 oz. each,11/2-2"
thick, excess fat removed**
1/2 t. freshly ground black pepper
1/4 t. cayenne pepper
1/2 t. garlic salt
**1/2 t. citric acid crystals (sour
salt), optional**

If using a charcoal grill, start the fire. Prepare chile peppers by roasting them over a flame, or in the oven placed in a paper bag to steam slightly. Rub the skin off. Remove the big clump of seeds at the end of chile pepper, but leave remaining seeds and ribs. Slice one pepper in quarters lengthwise and set aside to garnish steaks. Chop remaining chile peppers medium-fine and set aside. (This step may be done a day or more in advance. Refrigerate the peppers until ready to use). In a small saucepan, heat 1 T. canola oil. Add flour and cook briefly until it thickens to a roux. Add chicken stock, minced garlic and oregano and cook briefly just to thicken. Add the reserved chopped chiles, stir to mix and remove from heat and set aside. Prepare steaks by cutting a deep horizontal pocket in each steak, being careful not to pierce sides. Rub steaks with remaining oil. Mix together black pepper, cayenne, garlic salt and citric acid crystals, if desired. Rub this dry marinade into steaks, top and bottom. Stuff each steak with some of the chile mixture, leaving about half a cup for garnish.

Note: The chile peppers, which take 30-40 minutes to prepare, may be done in advance.

Negritas

Serves 5

**10 oz. Ghirardelli queen
chocolate, melted in a double
boiler**
3 egg whites, whipped until stiff
3 egg yolks
1/8 c. Meyer's dark rum

Fold yolks into whipped egg whites. Mix with melted chocolate and add rum. Ladle in 2 1/2 oz. ramekins. Chill and serve napped with whipped cream.

Cazuela de la Esposa de Kit Carson

Rinde 4 porciones

6 tazas de caldo de pollo (receta en sección de Básicos)
1 taza de garbanzos cocidos (aprox. 1/2 taza de garbanzos secos)
1 taza de arroz cocido
1 pechuga entera mediana, deshuesada y sin pellejo, cocida y picada
1 aguacate, pelado y picado
1 chile chipotle, sin semillas y picado (ver nota)
1 cucharadita de orégano seco, griego o mexicano, o 1 cucharada de orégano fresco picado
1 taza de queso Monterrey Jack picado, (aprox. 1/2 libra)
medio limón amarillo partido en cuartas partes

Calentar el caldo hasta hervir. Verter en cuatro platos hondos y agregar 1/4 de cada ingrediente restante, excepto el limón amarillo. Servir inmediatamente, con los cuartos de limón aparte, para que en la mesa sean exprimidos en la sopa si así se desea.

Nota: Esta receta es muy simple si los ingredientes cocidos se preparan de antemano. Pueden prepararse con varios días de anticipación y refrigerarse hasta que se necesiten. Los garbanzos pueden tomar hasta 3 horas para cocinarse. No usar garbanzos enlatados. El chile chipotle puede encontrarse en tiendas de abarrotes que se especializan en comidas mexicanas.

Bowl of the Wife of Kit Carson

Serves 4

6 c. flavorful chicken broth, recipe
  in Basics section
1 c. cooked garbanzo beans
  (about 1/2 c. dried beans)
1 c. cooked rice
1 whole medium size chicken
  breast, boneless, skinless,
  cooked, cubed
1 avocado, peeled and cubed
1 chipotle chile pepper, seeded
  and chopped (see note)
1 t. dried Greek or Mexican
  oregano, or 1 T. fresh chopped
  oregano
1 c. Monterey Jack cheese, cubed
  (about 1/2 lb.)
half a lemon, quartered

Heat broth to boiling, Pour into four bowls and add 1/4 of each remaining ingredient, except lemon. Serve immediately, with lemon quarters for guests to squeeze over top of soup if desired.

Note: This recipe is very simple if cooked ingredients are prepared ahead of time. They can be prepared several days in advance and refrigerated until ready to use. Garbanzo beans can take up to 3 hours to cook. Do not use canned garbanzos. Chipotle chile pepper is available from groceries that specialize in Mexican foods.

The Golden Horn

Nacido y criado en Davos, Suiza, Klaus es chef y dueño del famoso restaurante "Golden Horn" de Aspen. Siendo el restaurante más antiguo de operación constante, el menu ofrece una lista de vinos premiados y una cocina de inspiración europea, servida en un ambiente cálido y romántico. Como muchos de los chefs europeos, Klaus comenzó su carrera a edad temprana. Después de completar tres años de aprendíz, obtuvo el puesto de "chef gardemanger" del Hotel Hilton Internacional de Europa y del Medio Oriente. En 1966, Klaus inmigró al continente Americano. Vino a Colorado en 1968 y trabajó para "Cook Enterprises", una compañía de Denver que operaba una serie de restaurantes; los mejores y más frecuentados del área, entre los más notables, "Le Profile". In 1972 Klaus compró el "Golden Horn". A través de los años, el "Golden Horn" se ha convertido en un sitio bien establecido en Aspen, y a Klaus puede encontrársele aún cocinando allí casi todas las noches que el restaurante está abierto.

The Golden Horn

Klaus Christ – Golden Horn Restaurant
320 S. Mill Street
Aspen, Colorado
303-925-3373

Born and raised in Davos, Switzerland, Klaus is chef and owner of Aspen's famed Golden Horn restaurant. The resort's longest continuously operating restaurant, the menu offers an award winning wine list and a European-inspired cuisine served in a warm and romantic atmosphere. Like many European chefs, Klaus began his career at an early age. After completing a three-year apprenticeship, he became chef gardemanger for Hilton International for Europe and the Middle East. In 1966, Klaus immigrated to America. He came to Colorado in 1968 and worked for Cook Enterprises, a Denver company that operated a string of the area's best and busiest restaurants, most notable, Le Profile. In 1972 Klaus bought the Golden Horn. Over the years the Golden Horn has become a permanent fixture in Aspen, and Klaus can still be found cooking there nearly every night the restaurant is open.

Bisque Picante de Zanahorias, Dietético (sin grasa)

Rinde 5 porciones

**7 zanahorias grandes, peladas y
  rebanadas
2 chiles jalapeños, partidos y sin
  tallo ni semillas
1 pieza de apio de 15 cm.
1/2 cebolla rebanada
1 diente de ajo, picado
7 tazas de caldo de pollo, sin
  grasa
1 hoja de laurel
una pizca de pimienta cayenne
un manojo de cilantro, picado**

Agregar las verduras y la hoja de laurel al caldo de pollo y hervir a fuego lento, hasta que las zanahorias estén suaves. Licuar. Ajustar el nivel de picante, agregando pimienta cayenne para más picante, o leche descremada para menos picante. Adornar con cilantro picado. Servir caliente o frío.

Schnitzel (Ternera) a la Parisina

Rinde 5 porciones

**10 filetes de ternera de 3 onzas
  cada uno
3 huevos
1 taza de harina
1 taza de vino blanco seco
1 taza de aceite de olivo
2 onzas de mantequilla
1/2 taza de perejil picado
1 limón amarillo
sal y pimienta**

Suavizar y aplanar los filetes de ternera. Sazonar con sal y pimienta. Enharinar y sumergir en huevo batido (asegurarse de seguir esta secuencia). Calentar el aceite de olivo en un sartén, hasta que empiece a humear un poco. Saltear los filetes de ternera en el sartén caliente durante 3 minutos de cada lado. Sacar la ternera y agregar mantequilla al sartén moviendo hasta que se derrita. Agregar el vino blanco y el limón amarillo. Hervir a fuego lento, 4 minutos. Agregar perejil picado y verter la salsa sobre la ternera. Servir con pasta y verduras frescas.

Spicy Fat-Free Carrot Bisque

Serves 5

7 large carrots, peeled and sliced
2 jalapeño peppers, split and
  cored
1 6" piece celery, sliced
1/2 onion, sliced
1 clove garlic, chopped
7 c. chicken stock, de-fatted
1 bay leaf
dash cayenne pepper
bunch of cilantro, chopped

Add vegetables and bay leaf to chicken stock and bring to a boil, simmering until carrots are soft. Purée in blender. Adjust spice by adding cayenne pepper for hot, skim milk for less spice. Garnish with chopped cilantro. Serve hot or cold.

Parisienne Schnitzel (Veal)

Serves 5

10 3 oz. slices of veal
3 eggs
1 c. flour
1 c. dry white wine
1 c. olive oil
2 oz. butter
1/2 c. parsley, chopped
1 lemon
salt and pepper

Tenderize and pound thin the veal slices. Season with salt and pepper. Dip in flour, then in egg wash (Be sure to follow this sequence). Heat olive oil in sauté pan until lightly smoking. Sauté veal in hot pan for 3 minutes on each side. Remove veal slices from pan and add butter, stirring until melted. Add white wine and lemon. Simmer for 4 minutes. Add chopped parsley and pour sauce over veal. Serve with pasta and fresh vegetables.

Ensalada de Endibias Belgas

Rinde 5 porciones

5 tallos de endibia belga
1/2 taza de mayonesa casera
  (receta en sección de Básicos)
1/2 taza de champaña seca o vino
  burbujeante
1 cucharadita de mostaza Dijon
una pizca de salsa inglesa,
  worcestershire
sal y pimienta, al gusto

Remojar los tallos de endibia en agua helada durante 20 minutos. Escurrir y limpiar bien. Deshechar los extremos de los tallos. Rebanar en trozos de 2.5 cm. Secar los trozos, agitándolos en una toalla de cocina. Mezclar los ingredientes de la salsa. Mezclar las endibias con la salsa y servir inmediatamente (no permita que las endibias se remojen en la salsa por largo rato). Adornar con uvas partidas o gajos de naranja.

Belgian Endive Salad

Serves 5

5 stalks Belgian endive
1/2 c. homemade mayonnaise,
  recipe in Basics section
1/2 c. dry champagne or
  sparkling wine
1 t. Dijon mustard
dash of worcestershire sauce
salt and pepper to taste

Soak endive stalks in ice cold water for 20 minutes. Drain and clean well. Remove stalk ends. Slice into 1" pieces. Dry pieces by shaking on a clean kitchen towel. Mix together dressing ingredients. Toss endive with dressing and serve immediately. (Do not allow endive to sit in the dressing.) Garnish with cut grapes or orange slices.

Hotel Jerome

Jeff es un hombre de personalidad genuina. Comenzó a cocinar a la edad de 14 años, asistió al "Culinary Institute of America", y después comenzó como chef, aplicando a su trabajo su filosofía de "comprar sólo lo mejor, y tratar de no alterarlo". Ha tenido éxito, trabajando sólo con ingredientes frescos, haciendo comida que no es ni elegante ni desconocida, sino simplemente fabulosa. Él siente que es importante crear platillos que el público comprende y que disfruta. Fué el chef ejecutivo del "Crescent Club" en Dallas, luego llegó a Aspen donde ha tomado el puesto de chef ejecutivo en el "Hotel Jerome", elevando la cocina a un nuevo y maravilloso nivel culinario.

Hotel
Jerome

Jeffrey Troiola – Hotel Jerome
330 E. Main St.
Aspen, Colorado
303-920-1000

Jeff is a no gimmicks kind-of-guy. He started cooking at age 14, attended the Culinary Institute of America and then started as a chef, putting his philosophy of "buy absolutely the best and try not to toy with it" to work. He has succeeded, working with only fresh ingredients, doing food that isn't fancy or obscure, just great. He feels it's important to create dishes the public understands and enjoys. He was executive chef at the Crescent Club in Dallas, then came to Aspen where he has taken over the executive chef position at the Hotel Jerome and brought the cuisine to a new level of wonderful dining.

Gratín de Lobina y Jaiba

Rinde 4 porciones

Salsa de Jitomates Asados:
10 jitomates roma, maduros,
   cortados a la mitad
1/2 cebolla amarilla mediana,
   picada
6 onzas de cerveza
1 cucharada de aceite de olivo
1 cucharada de ajo, finamente
   picado
1 cucharada de pasta de jitomate
1/2 taza de agua, si fuese
   necesaria
1 cucharada de vinagre de resina
1 cucharadita de jugo de limón
   amarillo
sal y pimienta

Preparación de la Lobina:
4 filetes de lobina de Colorado,
   de 4 ó 5 onzas cada uno
3 cucharadas de aceite de olivo
sal y pimienta
8 onzas de pulpa de jaiba
   Jonah o jaiba en trozos, sin
   cartílagos ni huesos
1 taza de jitomates frescos,
   pelados y picados
2 cucharaditas de estragón fresco,
   picado
2 cucharaditas de perejil fresco,
   picado
3/4 de taza de pan molido
   tostado, o pan molido estilo
   japonés
1/2 taza de queso asiago, rallado
28 trozos medianos de puntas de
   espárrago, pasados por agua
   hirviendo

En un sartén no muy profundo, asar los jitomates y las cebollas en aceite de olivo, en el horno a 350° F, hasta que estén dorados. Sacar del horno y agregar el ajo y la pasta de jitomate y cocinar durante 5 minutos. Pasar la mezcla a la procesadora y hacerla puré. Agregar agua si resulta demasiado espesa. Sazonar con vinagre, jugo de limón amarillo, sal y pimienta, y mantener caliente la salsa.

Calentar el horno a 350° F. Colocar la lobina en un sartén de teflón ligeramente engrasado con 1 cucharadita de aceite de olivo. Sazonar ligeramente con sal y pimienta y hornear durante 2 ó 3 minutos. La lobina quedará aún semicruda. Combinar la jaiba con los jitomates picados, las hierbas, el pan molido y el queso, mezclando delicadamente. Gotear con el aceite restante y mezclar de nuevo. Cubrir la lobina con la mezcla de jaiba y hornear de nuevo, hasta que el pescado esté cocinado y la mezcla se haya dorado ligeramente, aproximdamente unos 8 minutos.

Gratin of Bass and Crabmeat

Serves 4

Roasted Tomato Sauce
10 ripe roma tomatoes, cut in
  halves
1/2 medium yellow onion, diced
6 oz. beer
1 T. olive oil
1 T. minced garlic
1 T. tomato paste
1/2 c. water, if needed
1 T. balsamic vinegar
1 t. lemon juice
salt & pepper

Bass Preparation
4 4-5 oz. Colorado bass filets
3 T. olive oil
salt and pepper
8 oz. Jonah crabmeat or lump
  crab, picked of cartilage and
  boned
1 c. fresh tomato, peeled and
  diced
2 t. fresh tarragon, chopped
2 t. fresh parsley, chopped
3/4 c. toasted fresh bread crumbs
  or Japanese-style bread crumbs
1/2 c. asiago cheese, grated
28 pcs. medium asparagus spears,
  blanched

In a shallow sauté pan, roast tomatoes and onions in olive oil in a 350° oven until well caramelized. Remove and stir in garlic and tomato paste and cook for 5 minutes. Transfer mixture to blender or food processor and purée until smooth, adjust with water if too thick. Season with vinegar, lemon juice, salt and pepper and keep warm.

Preheat oven to 350°. Place sea bass filet in a non-stick teflon pan, lightly coated with 1 t. olive oil. Season lightly with salt and pepper and bake for 2-3 minutes. Bass will still be rare. Combine crabmeat, diced tomato, herbs, breadcrumbs and cheese, gently toss. Drizzle with remaining oil and toss again. Spoon crab mixture over bass and return to oven until fish is cooked and crab mixture is lightly browned, approximately 8 minutes.

John Dory al Vapor Sobre Espinacas

Rinde 4 porciones

**4 piezas de filetes John Dory de 5
onzas cada uno, o corvina, o
cualquier pescado blanco de
textura
firme**
**1 libra de espinacas frescas, lavadas y
sin tallos**
**1 cucharada de chalotes, finamente
picados**
**1/2 cucharadita de ajo, finamente
picado**
**3 cucharadas de aceite de olivo extra
virgen**
4 onzas de vino chardonnay seco
2 onzas de jugo de almejas
**1 a 1 1/2 cucharadas de jugo fresco
de limón amarillo**
**20 puntas de espárragos medianos,
pasados por agua hirviendo, "al
dente" y partidos**
**1 taza de jitomates roma, o de bolita
pequeña o amarillos, o
alguna combinación de ellos,**

Cocinar el John Dory en una vaporera de bambú u hornear en una pequeña cantidad de agua. Marchitar las espinacas en un sartén, usando sólo el agua que quede en las hojas de espinaca después de lavarlas.

Vinagreta: Freir ligeramente los chalotes y el ajo en 1 cucharada de aceite de olivo. Añadir vino blanco y hervir momentáneamente para evaporar el alcohol. Agregar el jugo de almejas, el jugo de limón amarillo y el aceite restante, hirviendo de nuevo. Luego, agregar los espárragos y los jitomates y calentar sólo lo suficiente para que quede caliente a fondo. Agregar la salsa de chile y sazonar al gusto con sal y pimienta. Inmediatamente antes de servir, agregar la albahaca.

Para Servir: Dividir las espinacas equitativamente entre 4 platos extendidos o platos hondos de borde ancho. Colocar una pieza del pescado cocinado al vapor, sobre las espinacas, y cubrir con cucharadas de espárragos, jitomate y vinagreta sobre cada pieza de pescado, asegurándose de incluir un poco del caldo.

cortados en tiritas
2 a 4 gotas de salsa de chile
sal y pimienta
**6 a 8 hojas de albahaca grandes, "chifonade" (cortadas a lo
ancho de la hoja en tiras ultra-finas)**

Pastel de Chocolate Perfecto

Rinde un pastel de 9 pulgadas de diámetro, de 3 niveles

1 taza de polvo de cacao
2 tazas de agua hirviendo
2 3/4 tazas de harina cernida
2 cucharaditas de bicarbonato
1/2 cucharadita de sal
1/2 cucharadita de polvo de hornear
1 taza de mantequilla, suavizada
2 1/2 tazas de azúcar
4 huevos
1 1/2 cucharaditas de vainilla

Betún de Chocolate:
1 libra de azúcar glas
una pizca de sal
**1/2 libra de mantequilla sin sal,
suavizada**
2 cucharaditas de extracto de vainilla
8 onzas de chocolate no endulzado
1/2 taza de leche

En un tazón mediano, combinar el cacao con el agua hirviendo, y mezclar con un batidor de alambre, hasta que esté cremoso. Enfriar completamente. Cernir la harina con el bicarbonato, la sal y el polvo de hornear. Calentar el horno a 350° F. Engrasar y enharinar ligeramente tres moldes para pastel de 9 y 1/2 pulgadas cada uno. Usando un batidor eléctrico, batir a alta velocidad la mantequilla, el azúcar, los huevos y la vainilla, raspando el tazón de vez en cuando, hasta que la mezcla quede ligera y esponjada, unos 5 minutos. A baja velocidad, batir, agregando la mezcla de harina (en cuartos) alternando con la mezcla de cacao (en tercios), comenzando y terminando con la mezcla de harina. No batir demasiado. Dividir equitativamente entre los 3 moldes; alisando la superficie de cada uno. Hornear de 25 a 30 minutos o hasta que la superficie se esponje al presionarla. Enfriar en los moldes 10 minutos. Aflojar los costados con una espátula y continuar enfriando en rejillas.

Derretir el chocolate en baño María con leche y dejar enfriar. Batir el azúcar, la sal y la mitad de la mantequilla, hasta que quede cremosa la mezcla. Agregar la vainilla y la mantequilla restante, poco a poco. Batir el chocolate, agregándolo a la mezcla cremosa de mantequilla y cubrir el pastel.

Steamed John Dory on Spinach

Serves 4

4 5 oz. pieces of John Dory filet,
  sea bass or any firm textured
  white fish
1 lb. fresh spinach, washed and
  de-stemmed
1 T. minced shallots
1/2 t. garlic, finely chopped
3 T. extra virgin olive oil
4 oz. dry chardonnay
2 oz. clam juice
1 to 1 1/2 T. fresh lemon juice
20 medium asparagus spears,
  blanched al dente and split
1 c. roma, cherry or yellow
  tomatoes or combination,
  julienned
2-4 drops chili sauce
salt and pepper
6-8 large basil leaves, chiffonade

Steam John Dory in a bamboo steamer or bake in a small amount of liquid in the oven. Wilt spinach in a sauté pan, using only the moisture that remains on the spinach after washing.

Vinaigrette: lighly sweat shallots and garlic in 1 T. olive oil, add white wine and boil momentarily to cook off alcohol. Add clam juice, lemon juice and remaining oil and bring to another boil. Add asparagus and tomato and warm just enough to heat though. Add chili sauce and season to taste with salt and pepper. Immediately before serving, stir in basil.

To Serve: divide spinach evenly between four plates or large rimmed soup bowls. Place a piece of steamed fish on spinach and top with spoonfuls of asparagus, tomato and "vinaigrette" on each piece of fish, being sure to include some broth.

Perfect Chocolate Cake

Yields one 9" 3 layer cake

1 c. cocoa powder
2 c. boiling water
2 3/4 c. flour, sifted
2 t. baking soda
1/2 t. salt
1/2 t. baking powder
1 c. butter, softened
2 1/2 c. sugar
4 eggs
1 1/2 t. vanilla

Chocolate Frosting
1 lb. powdered sugar
pinch of salt
1/2 lb. unsalted butter, softened
2 t. vanilla extract
8 oz. unsweetened chocolate
1/2 c. milk

In a medium bowl, combine cocoa with boiling water, mixing with a wire whisk until smooth. Cool completely. Sift flour with soda, salt and baking powder. Preheat oven to 350°. Grease and lightly flour three 9 1/2" cake pans. Using an electic mixer at high speed beat butter, sugar, eggs and vanilla, scaping bowl occasionally, until mixture is light and fluffy, about 5 minutes. At low speed, beat in flour mixture (in fourths) alternating with cocoa mixture (in thirds), beginning and ending with flour mixture. Do not overbeat. Divide evenly into pans; smooth top of each. Bake 25-30 minutes or until surface springs back when pushed. Cool in pans 10 minutes. Loosen sides with spatula and cool on racks.

Melt chocolate over double boiler with milk and cool.

Beat sugar, salt and half of the butter until smooth. Add vanilla and remaining butter, a little at a time. Whip chocolate into finished buttercream mixture and frost cake.

Angelitos Dulces

Rinde 6 porciones

Pastel:
1 cucharada de mantequilla, derretida
1 taza de azúcar
1/8 de cucharadita de sal
9 claras de huevo
3/4 de cucharadita de cremor tártaro
3/4 de taza de harina
1/2 cucharadita de vainilla
1/2 cucharadita de raspadura de limón amarillo
1 1/2 a 2 cucharadas de agua de rosa, tibia

Compota de Fresas y Rapóntigo:
1 cucharada de mantequilla
1 taza de rapóntigo, rebanado en piezas de 1 cm.
1 taza de fresas, lavadas, sin tallo y partidas en cuartos
1/4 de taza de azúcar
1/2 taza de agua
1 cucharada de Grand Marnier
1/2 cucharadita de raspadura de naranja
1 cucharadita de menta fresca, picada

Cepillar 6 moldes para pastelillos con mantequilla, luego cubrir con azúcar y poner a un lado. En un tazón limpio, batir las claras de huevo, el cremor tártaro, la sal y el agua de rosa tibia a alta velocidad, hasta que la mezcla quede espumosa. Lentamente agregar el azúcar y continuar batiendo las claras, hasta que estén duras pero no secas. Delicadamente, agregar la mitad de la harina y luego la otra mitad. Cuando la harina se haya incorporado, agregar la vainilla y la raspadura de limón. Dividir la masa entre los moldes, golpeándolos delicadamente para permitir que escape cualquier aire atrapado. Hornear por 15 minutos, hasta que los pastelillos se doren y se esponjen al presionarlos en el centro. Sacarlos del horno, dejarlos reposar 5 minutos, y voltearlos para que sigan enfriándose boca abajo.

En un sartén grande y grueso, derretir la mantequilla sobre fuego lento y lentamente cocinar el rapóntigo hasta que se suavice. Añadir azúcar y dejar que se derrita. Agregar las fresas, el agua, el licor y la raspadura de naranja, y hervir rápidamente. Quitar del fuego. Agregar la menta y servir los pastelillos de espuma de ángel con la compota caliente o fría.

Sweet Little Angels

Serves 6

Cake
1 T. butter, melted
1 c. sugar
1/8 t. salt
9 egg whites
3/4 t. cream of tartar
3/4 c. flour
1/2 t. vanilla
1/2 t. lemon zest
1 1/2 to 2 T. rose water, warmed

Strawberry-Rhubarb Compote
1 T. butter
1 c. rhubarb, sliced in 1/4" pieces
1 c. strawberries, washed, hulled
  and quartered
1/4 c. sugar
1/2 c. water
1 T. Grand Marnier
1/2 t. orange zest
1 t. fresh mint, chopped

Brush six 6 oz. ramekins with butter, then coat with sugar and set aside. In a clean mixing bowl, whip egg whites, cream of tartar, salt and warm rose water on high speed until foamy. Slowly add sugar and continue whipping until the whites are stiff but not dry. Gently fold in half the flour, then the other half. When the flour is incorporated, fold in the vanilla and lemon zest. Divide batter among the ramekins, tapping each one gently to force out any air pockets. Bake about 15 minutes, until cakes are golden brown and spring back when touched in the middle. Remove from oven, let stand 5 minutes, flip cakes and cool upside down.

In a large heavy sauté pan, melt butter over low heat and slowly sweat the rhubarb until it becomes soft. Add sugar and allow it to melt. Stir in the strawberries, add water, liqueur, zest and bring to a quick boil. Remove from heat. Add mint and serve angel food cakes with hot or cold compote.

John's Restaurant

La cocina como herencia sólo toca la superficie de la tradición culinaria heredada por John Bizzarro. Qué afortunado de haber podido disfrutar de una niñez llena de los aromas del vino fermentándose en la bodega, de las presas de caza colgadas añejandose en los corredores, del aceite de olivo virgen, de jitomates secados al sol, y platos humeantes de café "latte" antes de que cualquiera de nosotros hubiésemos oído o leído de tales palabras. Una juventud creada en la fundación del aroma de albahaca fresca vuelve a un chef como John en liebre, mientras que el resto de nosotros permanecemos tortugas en la carrera de las Olimpiadas culinarias. "John's Restaurant" es, en una palabra, ecléctico, y en muchas palabras, Continental, "Nouvelle" y "Retro Haute". El mentor de John, Raimondo de "Raimondo's Restaurant" de Miami, Florida, concluyó la labor que la "famiglia" de John tan sólo había comenzado. Raimondo y los demás grandes chefs de los grandes hoteles de Miami Beach, le brindaron a John la fundación que se requiere para permitir que la creatividad se desborde en las recetas que se hayan frente a usted...disfrútelas!

John's Restaurant

John Bizzarro – John's Restaurant
2328 Pearl Street
Boulder, Colorado
(303) 444-5232

Cuisine as a heritage only scratches the surface of the deep background in culinary tradition inherited by John Bizzarro. How fortunate to be able to enjoy your youth bobbing in and out of the scents of wine fermenting in the cellar, of game hung to age in the hallway, of virgin olive oil, sun dried tomatoes and steaming bowls of cafe latte before any one of us had heard or read the terms. A youth built on the foundation of the aroma of fresh basil turns a chef like John into a rabbit while the rest of us remain tortoises in the race to the culinary Olympics. John's Restaurant is in one word, eclectic and in many words, Continental, Nouvelle, and Retro Haute. John's mentor, Raimondo of Raimondo's Restaurant in Miami, Florida finished off the job that John's famiglia only started. Raimondo and the other great chefs of the grand hotels of Miami Beach gave John the foundation required to allow the creativity to flow forth in the recipes you have before you...enjoy!

Cioppino Bianco de John

Rinde 4 porciones

Caldo:
1 libra de cabezas de halibut o huesos (no incluir pellejos ni agallas)
1 litro de chardonnay seco
3 litros de agua
1 bulbo de hinojo, rebanado (guardar las hojas verdes para adornar)
1 cebolla amarilla, rebanada
1 puerro mediano limpio y rebanado
tallos de 1 manojo de perejil
1 cucharadita de pimienta negra entera, triturada
2 hojas de laurel
6 dientes de ajo
2 tallos de apio
1/2 zanahoria, rebanada
El Pescado:
4 dientes de ajo, pelados y machacados
1 cucharada de aceite de olivo
2 cucharadas de perejil fresco, picado
1/2 taza de cebollín, finamente picado
2 cucharadas de ramitas de hinojo, picadas (guardar algunas sin picar para adornar)
1 cucharadita de hojuelas de chile rojo picante (serranos secos quedan bien para este platillo)
caldo de pescado de la receta anterior
1 papa pequeña, de 2 a 3 pulgadas, pelada y hervida (usar una papa como la Colorado russet)
1 cucharadita de sal
1 libra de corvina blanca chilena, cortada en rebanadas de 1 pulgada (2.5 cm.)
8 langostinos de la costa oeste, con cabezas*
8 mejillones azules, lavados
12 almejas Manila de 2 pulgadas (5 cm.), lavadas y libres de arena

Colocar todos los ingredientes, excepto las cabezas de pescado, en una olla grande (de 8 litros) y hervir durante 15 minutos. Agregar las cabezas de pescado y bajar la temperatura para hervir a fuego lento durante 10 minutos. Quitar la espuma de la superficie, para que quede claro el caldo. Dejar que se enfríe y se asiente. Luego, colar, pasando a un tazón de acero inoxidable.

*Algunos langostinos se venden con cabeza, y estos hacen platillos atractivos, pero son extremadamente perecederos y deben cocinarse el mismo día que llegan al mercado de mariscos. Si desea prolongar los días que pueden almacenarse debe cortarles las cabezas.

En una cacerola gruesa, no reactiva, de aproximadamente 12 pulgadas de extensión y 4 pulgadas de hondo, saltear el ajo en el aceite de olivo a fuego medio, hasta que comience a cambiar de color (no dorarlo) e inmediatamente agregar perejil, cebollín, ramitas de hinojo picados, y las hojuelas de chile rojo. Bajar la temperatura y mezclar un minuto. Quitar la olla del fuego y agregar una taza o dos del caldo de pescado preparado para evitar que se doren más. Sacar los dientes de ajo y agregar la papa cocida machacándola con un tenedor. Acomodar el pescado y los mariscos en la cazuela. Agregar dos litros del caldo de pescado, cuidando de no revolver los sedimentos asentados. Hervir a fuego lento durante 5 minutos o hasta que las almejas y los mejillones se abran. Probar ambos de sal, agregando más si fuese necesario y un poco de pimienta fresca triturada. Adornar con las ramitas de hinojo. Servir este platillo con un pan caliente francés, italiano, o pan de masa agria.

John's Cioppino Bianco

Serves 4

Stock

1 lb. halibut heads or bones, no
  skin or gills
1 qt. dry chardonnay
3 qts. water
1 bulb fennel, sliced, save green
  tops for garnish
1 yellow onion, sliced
1 medium leek, cleaned and sliced
stems from 1 bunch of parsley
1 t. black peppercorns, cracked
2 bay leaves
6 garlic cloves
2 celery stalks
1/2 carrot, sliced

The Fish

4 cloves garlic, peeled and
  flattened
1 T. olive oil
2 T. fresh parsley, chopped
1/2 c. fresh chives, finely cut
2 T. fennel tops, chopped, save a
  few fronds for the garnish
1 t. crushed hot red pepper flakes
  (dried serranos are nice for this
  dish)
fish stock from above recipe
1 small potato, 2-3", peeled and
  boiled, use a grainy potato, like
  Colorado russet
1 t. salt
1 lb. white Chilean sea bass, cut
  in 1" slices
8 West Coast spot prawns, head
  on*
8 blue mussels, washed and
  de-bearded
12 2" Manila clams, washed free
  of sand

Place all ingredients except fish heads in an 8 quart stock pot and bring to a rolling boil for 15 minutes. Add fish heads and turn heat down to a slow boil for 10 minutes. Skim foam from top of pot to keep stock clear. Let cool and settle, then strain into stainless steel container.

*Spot prawns are sometimes sold with their heads on, which make a beautiful dish, but they are extremely perishable and should be cooked the same day they come into the fish market. If you want to prolong their shelf life they must be de-headed.

In a heavy non-reactive casserole type pot, approximately 12" by 4" deep, sauté garlic in olive oil on medium heat until it just begins to color (do not brown) and immediately add chopped parsley, chives, fennel tops and red pepper. Lower heat and stir a minute. Remove pan from fire and add a cup or two of prepared fish stock to stop the browning. Remove garlic cloves and mash in the boiled potato coarsely with a fork. Arrange the fish and shellfish in the casserole. Ladle in 2 quarts of the fish stock, being careful not to disturb the sediment on the bottom, into pan. Bring to a boil and turn down to simmer for about five minutes or until the clams and mussels open. Taste broth for saltiness, adding more if necessary and add a little fresh ground pepper. Garnish with green fronds from the fennel tops. Serve this dish with hot crusty French, Italian or sourdough bread.

Costillas de Borrego Rostizadas a la Chilendrón

Rinde 4 porciones

2 trozos de costillas de borrego de 8
   costillas cada una (pida al carnicero
   que las corte estilo francés y les
   quite toda la grasa de alrededor.
   Los trozos deben pesar aprox. una
   libra cada uno)
1 cabeza entera de ajo sin pelar,
   asada en el horno a 375° F,
   durante 15 minutos
2 cucharadas de chile Nuevo México,
   picante a picante medio
2 cucharadas de harina
1 cucharadita de sal, pimienta y
   orégano

Cebolla Colorada Asada:
1 cucharada de aceite de olivo
1 pimiento rojo
1 cebolla colorada grande
1/2 cabeza de ajo (lo que quedó del
   ajo asado anterior, en la receta de
   las costillas)
una pizca de tomillo, orégano, sal y
   pimienta negra
1 cucharada de chile rojo Nuevo
   México molido, picante a picante
   medio
1 cucharada de azúcar
2 cucharadas de vinagre de resina

Salsa Chilendrón:
5 pimientos rojos
12 dientes de ajo, pelados y picados
   en trozos grandes
2 chalotes, pelados y picados
1 cucharada de mantequilla
1 cucharada de aceite de olivo
1 cucharadita de tomillo molido
1 cucharadita de orégano molido
2 cucharaditas de sal
2 cucharaditas de pimienta negra
   molida
1 cucharada (copeteada) de chile
   Nuevo México molido, picante
   medio a picante
1 cucharada de pasta de tamarindo*
   disuelta en 2 onzas de agua
3 onzas de brandy español
6 onzas de vino tinto español (un
   vino tinto de mesa de Rioja se
   recomienda para este platillo)

Calentar el horno a 400° F. Pelar y machacar la mitad del ajo asado hasta formar una pasta. Untar las costillas con la pasta de ajo. Mezclar chile y harina con una pizca de sal, pimienta y orégano. Enharinar las costillas con la mezcla de harina y chile. En un sartén grueso de 12 pulgadas, dorar el borrego en 1 a 2 cucharadas de aceite de olivo sobre fuego medio. Asar las costillas en el horno por 20 minutos aproximadamente, volteándolas una vez, o hasta que estén apenas cocidas. Mientras se asan las costillas, preparar las cebollas y la salsa de chiles rojos.

Pelar y cortar la cebolla en su eje, finamente rebanar y separar. Rebanar los pimientos en tiritas del tamaño de cerillos. En el mismo sartén a fuego medio, saltear los pimientos en una cucharada de aceite de olivo hasta que se suavicen. Agregar el resto de los dientes de ajo pelados y asados y las cebollas. Continuar cocinando, agitando el sartén con frecuencia hasta que las cebollas comiencen a acaramelarse (dorarse). Finalmente, rociar con el vinagre de resina.

Asar los pimientos sobre una hoguera o en estufa de gas, volteándolos con frecuencia hasta que las cáscaras se vuelvan negras y se carbonicen. Colocar los pimientos en un tazón cubierto con una toalla húmeda para enfriarlos. Sacarles las semillas y pelar frotando la cáscara quemada. No enjuagar en agua porque se pierde el sabor. Los pedacitos negros de carbón quedarán visibles pero darán más sabor a la salsa.

En una licuadora, hacer puré de los chiles ya limpios hasta que esté suave, usando un poco del vino tinto si es necesario. Debe producir 10 onzas de puré. En un sartén no reactivo de 8 pulgadas, calentar la mantequilla, el aceite de olivo, el ajo y los chalotes, hasta que estén bien cocidos pero no dorados. Usar fuego medio y agitar el sartén con frecuencia. Agregar las hierbas, la sal, la pimienta y los chiles molidos, y mezclar durante un minuto. Agregar la pasta de tamarindo y el brandy (quitar el sartén del fuego porque el brandy puede causar una flama). Encender el brandy en el sartén, empinandolo brevemente para permitir que se produzca una flama, momentaneamente. Agregar el vino tinto y reducir brevemente, a alta temperatura un minuto. Agregar el puré de pimiento rojo y hervir a fuego lento, hasta que se reduzca a una buena consistencia. Probar la sal. La salsa lista deberá fluir fácilmente, pero no escurrirse demasiado. Añadir un poco de agua si estuviese demasiado espesa. Acomodar las cebollas asadas alrededor de la orilla de una fuente grande calentada. Cucharear la salsa al centro del plato, partir las costillas de borrego en cuatro porciones y colocarlas sobre la salsa. Adornar con ramitas de perejil.

*Puede encontrarse en mercados asiáticos.

Roast Rack of Lamb Chilendron

Serves 4

2 lamb racks, 8 chops each (ask
   the butcher to French cut the
   racks and remove all the fat
   from around them. The racks
   should weigh approximately 1
   lb. each)
1 whole head of unpeeled garlic,
   baked at 375° for 15 minutes
2 T. ground New Mexican
   chile,hot to medium hot
2 T. flour
1 t. each salt, pepper, and
   oregano

Grilled Red Onions
1 T. olive oil
1 red bell pepper
1 large red onion
1/2 head garlic (leftover from
   above lamb rack)
pinch of thyme, oregano, salt and
   black pepper
1 T. ground New Mexican red
   chile, hot to medium hot
1 T. sugar
2 T. balsamic vinegar

Chilendron Sauce
5 red bell peppers
12 cloves garlic, peeled, chopped
   into coarse chunks
2 shallots, peeled and coarsely
   chopped
1 T. butter
1 T. olive oil
1 t. ground thyme
1 t. ground oregano
2 t. salt
2 t. ground black pepper
1 T. (rounded) ground New
   Mexican chile, medium to hot
1 T. tamarind paste* dissolved in
   2 oz. water
3 oz. Spanish brandy
6 oz. Spanish red wine (a red
   table wine from Rioja is best for
   this dish)

Preheat oven to 400°. Peel and mash one half of the roasted garlic into a paste. Rub the lamb racks with garlic paste. Mix the chile and flour together with a pinch of salt, pepper and oregano. Dust the racks with the chile-flour blend. In a heavy 12" skillet, brown the lamb in 1-2 T. olive oil over medium heat. Roast racks in oven for approximately 20 minutes, turning once or until medium-rare. While racks are roasting, prepare the onions and red pepper sauce.

Peel and cut the onion on its axis, thinly slice and separate. Slice the peppers into thin matchstick strips. In same skillet with medium heat, sauté the peppers in a spoonful of olive oil until they soften. Add the rest of the peeled baked garlic cloves and the onions, continue cooking, shaking the pan often until onions begin to caramelize (start to brown). Finally sprinkle with the balsamic vinegar.

Roast the peppers on an open flame or gas stove, turning often until the skin turns black and carbonizes. Place peppers in a covered bowl and place a moistened towel over them to cool. Seed and peel peppers by rubbing off the charred skin. Do not rinse in water as that washes off all the flavor. The little flecks of carbon may look messy but they improve the flavor of the sauce.

In a blender, purée the cleaned peppers until very smooth, using a little of the red wine if necessary. This should yield 10 oz. of purée. In an 8" non-reactive saucepan, heat butter, olive oil, garlic and shallots until well cooked but not browned. Use medium heat and shake the pan often. Add the herbs, salt, pepper, ground chiles and stir one minute. Add tamarind paste and then brandy (remove pan from stove because the brandy might flame up). Ignite brandy in pan by tipping pan and allow to flame briefly. Add red wine and reduce slightly on high heat one minute. Add red pepper purée and simmer on low heat until reduced to a nice consistency. Taste for salt. The finished sauce should flow easily but not be runny. Add a little water if too thick. Arrange grilled onions around edge of large heated platter. Spoon sauce into center, slice lamb racks into four chop servings and place on top of the sauce. Garnish with sprigs of flat leaf parsley.

*Available at Asian markets.

Ensalada Carambola de Nancy

Rinde 2 porciones

2 carambolas maduras (también
   llamadas fruta estrella),
   rebanadas en ruedas de 1/2 cm.
2 aguacates Haas, cortados en
   cubitos de 1 cm.
12 hojas pequeñas de lechuga
   Red Oak
12 hojas de "baby frisée"
1/2 pepino inglés, sin cera,
   rebanado en rodajas de 1/2 cm.
   de grueso
1/4 de cebolla Bermuda, cortada
   a la mitad y rebanada muy
   finamente
12 bolitas de pimienta verde,
   enlatadas, no secas
2 cucharadas de vinagre de resina
1 cucharada de aceite de olivo
   ligero
sal, al gusto

Acomodar las hojas de lechuga Red Oak en las orillas de un plato de ensalada de 12 pulgadas de diámetro. En un platito, machacar con una cuchara las bolitas de pimienta verde en el aceite de olivo. En un tazón aparte, mezclar las hojas frisée, las carambolas, las cebollas y los pepinos, con el aceite de olivo, y agregar sal, al gusto. Colocar esta mezcla en el centro del plato de ensalada. Rociar la ensalada con vinagre de resina.

Nancy's Carambola Salad

Serves 2

2 ripe carambolas (also called star fruit), sliced in 1/4" rounds
2 Haas avocados, cut into 1/2" cubes
12 small Red Oak lettuce leaves
12 baby frisée leaves
1/2 English cucumber, unwaxed, sliced into 1/4" rounds
1/4 Bermuda onion, cut in half and sliced very thin
12 green peppercorns, canned, not dried
2 T. balsamic vinegar
1 T. light olive oil
salt to taste

Arrange the Red Oak leaf lettuce around the edge of a 12" salad plate. In a saucer mash the green peppercorns in the olive oil lightly with the back of a spoon. In a separate bowl toss together the frisée, carambolas, onions and cucumbers with the olive oil and salt to taste. Place this mixture in the center of the salad plate. Sprinkle the salad with balsamic vinegar.

Keystone
Ranch

Filosóficamente hablando, cuando un chef comienza su carrera con un título de "Berkley" lleno de las enseñanzas de Bertrand Russell e Ionesco, puede esperarse justo el tipo de genio observado en la cocina de Chris. Él y sus ayudantes trabajan con ingredientes indígenos, los sabores y las texturas que encuentran su hogar en las montañas, y son un éxito en la creación de un estilo de comida que es tan estimulante como es cómodo. Esas mismas palabras, estimulante y cómodo, acertadamente describen el "Keystone Ranch". Esta maravillosa mansión construída de troncos de árbol, es la pieza central de la residencia (hacienda) fundada a fines de la década de 1870. Es un edificio con gracia, lleno de plata, cristal y alfombras orientales que sirven de fondo perfecto a los menús inovativos de seis platos y a precio fijo que Chris usa para presentar su talento.

Keystone Ranch

Christopher Wing – The Keystone Ranch
1239 Keystone Ranch Road
Keystone, Colorado
(303) 468-4161

Philosophically speaking, when a chef begins his career with a degree from Berkeley filled with the teachings of Bertrand Russell and Ionesco you might expect just the sort of genius displayed in the kitchen by Chris. He and his staff work with indigenous ingredients, the flavors and textures that are at home in the mountains and succeed in creation of a style of food that is both stimulating and comfortable. Those same words, stimulating and comfortable, aptly describe the Keystone Ranch. This marvelous log mansion is the centerpiece of a homestead which was founded in the late 1870's. It is a graceful building filled with silver, crystal and oriental carpets which serve as the perfect backdrop to the innovative six course fixed price menus which Chris uses to showcase his talent.

Membrillo y Sopa de Pato

Rinde 2 galones

2 cucharadas de aceite
1 taza de cebolla amarilla, pelada y picada
3 dientes de ajo, pelados y picados
1 cucharadita de jengibre, pelado y finamente picado
1 1/2 tazas de vino blanco
1 1/2 galones de caldo de pato
1 1/2 tazas de crema espesa
2 onzas de brandy
5 onzas de jugo de manzana
1 zanahoria pequeña
1 3/4 cucharadas de sal
2 1/2 cucharaditas de salsa Tabasco
2 1/2 cucharaditas de cardamomo molido
3 cucharadas de miel
1 1/2 cucharadas de jugo de limón amarillo
1 1/2 cucharadas de mostaza Dijon
2 cucharaditas de pimienta entera verde

1 cucharadita de semillas de amapola (adormidera)
1 cucharadita de pimienta blanca molida
1/2 cucharadita de pimienta dulce molida
1/2 cucharadita de hoja de albahaca molida
1/4 de cucharadita de semilla de apio
una pizca de azafrán
3/4 de taza de mantequilla sin sal
1 1/2 tazas de harina
1 1/2 libras de carnosidad de membrillo, picado
1 libra de pato deshuesado, rostizado y picado

Saltear la cebolla, el ajo y el jengibre, en aceite. Agregar el vino y hervir. Agregar el caldo, la crema, el brandy y las demás especias, y hervir de nuevo. En otra cazuela, hacer un "roux" derritiendo la mantequilla, agregándole la harina, y mezclando hasta que tome un color amarillo oscuro. Enfriar. Agregar el "roux" ya enfriado a la sopa y batir con batidor de alambre. Hacer de la sopa un puré en la procesadora. Agregar el pato picado y el membrillo, y hervir a fuego lento, ajustando la sazón según sea necesario. Adornar con cebollín picado y otras hierbas frescas.

Trucha Ruby Asada con Enebro

Rinde 4 porciones

Especias para encurtidos (rinde 1 litro)
4 cucharaditas de bayas de enebro
2 cucharaditas de pimienta blanca entera
1/2 cucharadita de pimienta roja triturada
1 cucharadita de jengibre fresco, finamente picado
1/3 de naranja (sólo la raspadura)
4 cucharaditas de especias para encurtidos
Mezclar los ingredientes hasta aquí mencionados en la procesadora, y añadir:
1/2 taza de sal
2 tazas de azúcar

La Trucha:
4 filetes de trucha roja de 6 onzas

Esta sazón para encurtidos se mantiene fresca indefinidamente si se sella bien con una tapa. Para curar el pescado, cortar los filetes y cubrir con suficiente de la sazón para taparlos. Dejar remojando 2 horas antes de servir.

Después de 2 horas, quitar la sazón y asar el pescado con el pellejo hacia abajo. Cuando el pescado comience a cocinarse, voltear el pescado y quitar el pellejo.

Marchitar las hojas verdes en un sartén y mezclar con suficiente salsa vinagreta para cubrirlas. Servir la trucha con las hojas verdes marchitas y un "pilaf" de quinoa negra.

cada uno
hojas verdes mixtas

Vinagreta de Jerez:
2 cucharadas de vinagre de jerez
sal y pimienta, al gusto
6 cucharadas de aceite de olivo

Quince and Duck Soup

Makes 2 gallons

2 T. salad oil
1 c. yellow onion, peeled and chopped
3 cloves garlic, peeled and chopped
1 t. ginger, peeled and minced
1 1/2 c. white wine
1 1/2 gallons rich duck stock
1 1/2 c. heavy cream
2 oz. brandy
5 oz. apple juice
1 small carrot
1 3/4 T. salt
2 1/2 t. Tabasco
2 1/2 t. ground cardamon
3 T. honey
1 1/2 T. lemon juice
1 1/2 T. Dijon mustard
2 t. green peppercorns

Sauté the onion, garlic and ginger in oil. Add the wine and bring to a boil. Add the stock, cream, brandy and all seasonings and bring to a boil. In another saucepan, make a roux by melting the butter adding the flour and whisking together until it turns an amber color. Cool. Add the cooled roux to the soup and whisk. Purée the soup in a food processor. Add the diced duck and quince and simmer, adjusting seasoning if necessary. Garnish with cut chives or other fresh herbs.

1 t. poppy seeds
1 t. ground white pepper
1/2 t. ground allspice
1/2 t. ground basil leaf
1/4 t. celery seed
pinch of saffron
3/4 c. unsalted butter
1 1/2 c. flour, all purpose
1 1/2 lb. quince meat, diced
1 lb. duck, boneless, roasted and diced

Grilled Juniper Ruby Trout

Serves 4

Curing Spices (makes 1 quart)
4 t. juniper berries
2 t. whole white peppercorns
1/2 t. crushed red pepper
1 t. fresh ginger, minced
1/3 orange, zest only
4 t. pickling spice mix
Mix above in food processor and add
1/2 c. salt
2 c. sugar

The Trout
4 6 oz. red trout filets
mixed greens

This cure keeps indefinitely if tightly covered. To cure the fish, trim the filets and cover with just enough of the cure to cover. Cure for 2 hours before serving.

After two hours, remove the cure and grill the fish, skin side down. When the fish begins to cook, turn the fish and remove the skin.

Wilt greens in a hot skillet and toss with enough vinaigrette to coat.

Serve grilled trout with wilted greens and a pilaf of black quinoa.

Sherry Vinaigrette
2 T. sherry vinegar
salt and pepper, to taste
6 T. olive oil

Carne de Venado de Piney Ridge

Rinde 6 a 8 bocadillos

Salsa:
1/2 cebolla amarilla, pelada y
    picada
2 dientes de ajo, pelados y pica-
    dos
2 cucharadas de aceite de olivo
1 pimiento rojo grande, picado
2 tazas de jugo de manzana
2 cucharadas de miel
1 cucharadita de hojuelas de chile
    rojo machacadas
1 cucharadita de vinagre de vino
    blanco
1/2 cucharadita de sal
2 cucharadas de fécula de maíz
2 cucharadas de agua

Fritillas:
4 tortillas de maíz negro
2/3 de taza de elote en granos
1/2 taza de jocoque
1 huevo
1 cucharada de miel
1 cucharada de aceite
1/2 cucharadita de sal
1/2 cucharadita de polvo de
    hornear
una pizca de pimienta blanca
    molida
1/3 de taza de harina
1/3 de taza de fécula de maíz
1/3 de taza de harina de maíz
3 tazas de aceite para freir
4 tortillas de maíz negro para
    adornar

Carne de venado:
2 lomos de venado,
    aproximadamente 1 libra (sin
    grasa, ni el músculo "rail", ni el
    pellejo plateado)
1 cucharadita de sal
1/4 de cucharadita de pimienta
1 cucharada de mostaza Dijon
3 cucharadas de aceite de olivo

Saltear la cebolla y el ajo en un sartén con el aceite de olivo. Agregar los pimientos, el jugo de manzana y las especias para sazonar. Hervir. Disolver la fécula de maíz en 2 cucharadas de agua y agregar a la salsa. Hacerla puré en la procesadora y poner de nuevo en el sartén.

Cortar las 4 tortillas de maíz negro en tiras delgadas y mezclar con el resto de los ingredientes. Formar pequeñas bolas aplastadas y freir en aceite a 350° F. Obtendrá aproximadamente 8 fritillas pequeñas de aspecto un poco desordenado, con las tortillas salidas por todos lados. Quizá tenga que freirlas en cantidades pequeñas. Cortar las tortillas para adornar en tiras delgadas y freirlas en el aceite hasta que estén doraditas, aproximadamente 1 minuto.

Un lomo grande debe rendir cuatro porciones de 1 1/2 a 2 onzas. Aplanar un poco cada porción con la palma de la mano, sazonar con sal y pimienta y cepillar con mostaza Dijon. Saltear las migas de pan con ajo, orégano, sal y pimienta, en aceite de olivo. Empanizar las carnes con la mezcla de pan molido sazonado. Colocar la carne en un sartén caliente, volteándola con una espátula y quitando el sartén del fuego, permitiendo que la carne se cocine sólo con el calor del sartén durante 1 minuto. Sacar la carne cuando esté aún poco cocida o puede secarse y tomar un sabor poco deseable, característico de las presas de caza. Calentar la salsa y colocar 2 onzas de ésta sobre cada plato, una fritilla y un poco del adorno de tortillas de maíz negro, una ramita de alguna hierba y el medallón de carne de venado cocido a término medio o semicrudo. Adornar el plato con pimientos dulces pequeños, enteros y asados.

1 cucharadita de ajo finamente picado
1/2 cucharadita de hojas de orégano seco
1 1/2 tazas de pan molido japonés*
sal y pimienta
*disponible en mercados asiáticos

Piney Ridge Venison

Yields 6-8 appetizers

Sauce
1/2 medium yellow onion, peeled and chopped
2 cloves garlic, peeled and chopped
2 T. olive oil
1 large red bell pepper, chopped
2 c. apple juice
2 T. honey
1 t. crushed red chile flakes
1 t. white wine vinegar
1/2 t. salt
2 T. cornstarch
2 T. water

Fritters
4 blue corn tortillas
2/3 c. corn kernels
1/2 c. buttermilk
1 egg
1 T. honey
1 T. salad oil
1/2 t. salt
1/2 t. baking powder
pinch of ground white pepper
1/3 c. flour
1/3 c. cornstarch
1/3 c. cornmeal
3 c. oil for frying
4 blue corn tortillas, for garnish

Venison
2 venison tenderloins, about
    1 lb., trimmed of fat, "rail"
    muscle and silverskin
1 t. salt
1/4 t. pepper
1 T. Dijon mustard

3 T. olive oil
1 t. garlic, minced
1/2 t. dry oregano leaf
1 1/2 c. Japanese breadcrumbs*
salt and pepper
*available at Asian markets

Sauté onion and garlic in one quart saucepan in the olive oil. Add the peppers, apple juice and seasoning. Bring to a boil. Dissolve cornstarch in 2 T. water and add to sauce. Purée in food processor and return to saucepan.

Cut the 4 blue corn tortillas into thin strips and mix with remaining ingredients. Form into small flattened balls and fry in 350° oil. You will get about 8 small fritters that are a little wild looking, with the tortillas sticking out at odd angles. You may need to fry them in 2 batches. Slice the tortillas for garnishing into thin strips and fry in the oil until crisp, about 1 minute.

One large tenderloin should give you four 1 1/2-2 oz. portions. Slightly flatten each portion with the palm of your hand, season with salt and pepper, brush with Dijon mustard. Sauté the breadcrumbs with garlic, oregano, salt and pepper in olive oil. Dust the venison in breadcrumb mixture. Sear the venison in a hot pan, turn with a spatula and remove the pan from the heat, letting the meat continue cooking in the hot pan for a minute or so. Remove the meat when it is rare to medium rare or it may be dry and taste gamey. Heat the sauce and put 2 oz. on each plate, one fritter and a bit of the shredded blue tortilla garnish, a sprig of upland cress or other herb and the rare to medium-rare venison medallion. Garnish the plate with whole tiny grilled sweet red peppers.

La Montaña

Michael se interesó en cocinar al observar a su madre en la cocina. Sus talentos le dieron el ímpetu para ganarse algún dinero cocinando para fiestas y eventos durante sus años universitarios. Fué entonces cuando decidió mudarse a Colorado y comenzar a cocinar. Lo hizo bajo los mejores chefs de Colorado y del suroeste, como Vincent Gueralt, Mark Miller y Robert Del Grande, donde encontró sus ideas básicas para "La Montaña". Aquí él demuestra su mezcla de estilos mexicanos y del suroeste entre las montañas con resultados excelentes. "La Montaña" tiene una mezcla maravillosa de cocina mexicana contemporánea con toques de influencia indígena de Norte América. Michael ha mostrado una secuencia contínua de toques inovativos a las presas de caza de Colorado y ha obtenido varios premios con sus platillos en concursos dentro del estado.

La Montaña

Michael Fragola – La Montaña Restaurant
2500 Village Drive
Steamboat Springs, Colorado
303-879-5800

Michael became interested in cooking while he observed mom in the kitchen. Her talents gave him the impetus to do catering and cooking while in college. He then decided this could be a respectable profession and after school, decided to move to Colorado and begin cooking. He did so under some top chefs of Colorado and the southwest,such as Vincent Gueralt, Mark Miller and Robert Del Grande where he found his basic ideas for La Montana. Here he shows off his mix of Mexican and southwestern styles in a mountain setting with great results. La Montana has a wonderful mix on contemporary Mexican cuisine with touches of Native American influence. Michael has shown a continuing stream of innovative touches to Colorado wild game and has won many awards with this dishes in competitions in the state.

Sopa de Tortilla

Rinde 10 tazas

2 cucharadas de aceite de olivo
1/3 de taza de cebolla picada
1 cucharadita de ajo finamente
  picado
2 jalapeños sin semillas y finamente picados
8 tazas de caldo de pollo
1 1/2 tazas de jitomates frescos
  picados
1/2 taza de jugo de jitomate
2 cucharadas de polvo de chile
1 cucharada de comino
2 cucharaditas de orégano
2 cucharadas de cilantro picado

Saltear la cebolla, el ajo y los jalapeños en aceite de olivo, hasta que las cebollas estén transparentes. Agregar caldo, jitomates, jugo de jitomate, polvo de chile, comino y orégano. Hervir a fuego lento, 30 minutos. Agregar el cilantro y continuar hirviendo a fuego lento otros 5 minutos. En un plato hondo de servir, poner 2 cucharadas de los totopos de maíz quebrados y verterles el caldillo. Agregar queso y servir.

2 cucharadas de totopos de maíz quebrados
1 cucharada de queso Monterrey Jack, rallado

Pan Frito Navajo

4 tazas de harina
2 cucharadas de polvo de hornear
1 1/2 cucharaditas de sal
1 1/2 tazas de agua (agregar 1 ó
  2 cucharadas más si fuese
  necesario)
1 1/2 cucharaditas de cilantro
  molido seco
1 1/2 cucharaditas de comino
1 1/2 cucharaditas de orégano
1 1/2 cucharaditas de polvo de
  ajo
1 cucharadita de tomillo
1 cucharadita de romero
1/4 de taza de pimiento rojo
  picado
1/8 de taza de cilantro picado
aceite para freir

Mezclar juntos, harina, polvo de hornear, sal, todas las especias, pimiento rojo y cilantro. Agregar agua lentamente al formar la masa. Ésta debe estar húmeda y no mojada, ni seca y rajándose. Permitir que crezca en un lugar caliente, cubierta con plástico. Dividir la masa en bolas de 5 onzas. En un área ligeramente enharinada, amasar las bolas con un rodillo hasta formar círculos de 8 pulgadas. Calentar el aceite a 375° F y freir el pan. Las ruedas deben inflarse pero no dorarse. Escurrir en toallas de papel. Si el pan continúa inflado, presionarlo delicadamente y cortar en piezas a su gusto. Tener mucho cuidado al presionar el pan frito, puesto que el vapor caliente escapará al presionarlo. Servir con chiles dulces y picantes asados y queso de cabra calentado.

Tortilla Soup

Yields 10 cups

2 T. olive oil
1/3 c. onion, diced
1 t. garlic, minced
2 jalapeños, seeded and minced
8 c. rich chicken stock
1 1/2 c. fresh tomatoes, diced
1/2 c. tomato juice
2 T. chili powder
1 T. cumin
2 t. oregano
2 T. cilantro, chopped
2 T. corn tortilla chips, broken
1T. Monterey jack cheese, grated

Sauté onion, garlic and jalapeños in olive oil until onions are transparent. Add stock, tomatoes, tomato juice, chili powder, cumin and oregano and bring to a boil. Simmer 30 minutes. Add cilantro and simmer 5 minutes. In serving bowl, put 2 T. broken corn chips and ladle in the soup. Add cheese and serve.

Navajo Fry Bread

4 c. flour
2 T. baking powder
1 1/2 t. salt
1 1/2 c. water (add 1-2 T. more as needed)
1 1/2 t. coriander
1 1/2 t. cumin
1 1.2 t. oregano
1 1/2 t. garlic powder
1 t. thyme
1 t. rosemary
1/4 c. red bell pepper, diced
1/8 c. cilantro, chopped
cooking oil for frying

Mix together flour, baking powder, salt, all spices, bell pepper and cilantro. Add water slowly while forming dough. Dough should be moist and not sloppy wet or cracking dry. Allow to rise in a warm area, covered with plastic wrap. Divide dough into 5 oz. balls. On a lightly floured area, roll balls into 8" circles. Heat oil to 375° and fry bread. Rounds should puff but not be crispy. Drain on paper towels. If bread is still puffy, gently press down and then cut into desired pieces. Be very careful when pressing down on fry bread as hot steam will be escaping as you do. Serve with roasted sweet and hot peppers and warmed goat cheese.

Atún Cubierto con Pepitas

Rinde 6 porciones

Pasta:
**1 1/2 tazas de pepitas (semillas
de calabaza)**
1 cucharada de polvo de chile
1 cucharadita de orégano
1 cucharadita de comino
1 cucharadita de sal
 **filetes de atún de 6 a 7 onzas (1
por persona)**
aceite de olivo

Margarita Beurre Blanc:
3 cucharadas de tequila
2 cucharadas de "triple sec"
1 cucharadita de cebolla picada
1/4 de cucharadita de ajo picado
1 limón, exprimido
**1 cucharadita de orégano fresco
picado**
**2 cucharadas de mantequilla al
tiempo**

Picar las pepitas en la procesadora, agregar las especias y combinar bien. Cubrir el pescado con la mezcla de pepitas presionando para que se peguen por ambos lados. Freir brevemente en un sartén con aceite de olivo. Terminar de cocinar el pescado en el horno a 350° F, hasta que quede un poco menos de término medio. Servir con gajos de jitomate frito y Margarita beurre blanc.

Calentar el tequila, el "triple sec", la cebolla, el ajo, el orégano y el jugo de limón. Reducir 2/3 partes y apagar el fuego. Lentamente agregar la mantequilla. Agregar un poco de sal, si se usa mantequilla sin sal. Colar la salsa y servir.

Pepita Crusted Tuna

Serves 6

Crust
1 1/2 c. pepitas (pumpkin seeds)
1 T. chili powder
1 t. oregano
1 t. cumin
1 t. salt
6-7 oz. tuna steak, 1 per person
olive oil

Margarita Beurre Blanc
3 T. tequila
2 T. triple sec
1 t. onion, chopped
1/4 t. garlic, chopped
1 lime, juiced
1 t. fresh oregano, chopped
2 T. butter, room temperature

Chop the pepitas in food processor, add the spices and blend well. Press the crust into the flesh of both sides of the tuna and sear in a hot skillet with olive oil. Finish cooking in a 350° oven until medium rare. Serve with braised tomato wedges and Margarita beurre blanc.

Heat tequila, triple sec, onion, garlic, oregano and lime juice. Reduce by 2/3 and turn heat off. Slowly whisk in butter. Add dash of salt if using unsalted butter. Strain sauce and serve.

La Petite Maison

A veces, una gran noción nace de un pasatiempo favorito. En el caso de "La Petite Maison", una recopilación variada de recetas personales se ha transformado en uno de los mejores restaurantes de la planicie al pie de las montañas de Colorado. Holly ha tomado su base de la región del medio oeste, rica en la dirección de sus padres y la ha complementado con educación formal en "The Postillion", en Wisconsin, para construír un restaurante cálido y singular que consistentemente ofrece una experiencia culinaria de alta calidad. Sus recetas presentan una clásica influencia francesa con un toque de cocina regional americana, moderna. El resultado es una experiencia ecléctica, contemporánea e inovativa, en un restaurante bien atendido por su esposo Jeff Marvis y por ella misma. "Le Petit Maison" es una prueba de que los sueños pueden, en verdad, hacerse realidad.

La Petite Maison

Holly Mervis – La Petite Maison
1015 W. Colorado Avenue
Colorado Springs, Colorado
(719) 632-4887

Sometimes a great notion is born in a hobby. In the case of La Petite Maison, a varied gathering of personal recipes has become one of the most well received restaurants on the front range of Colorado. Holly has taken a Midwestern background rich in parental guidance and supplemented by formal training at The Postillion in Wisconsin and built a warm and quaint restaurant which consistently offers a high quality dining experience. Her recipes feature classical French influence touched by modern American regional cuisine. The result is eclectic, innovative contemporary dining in a restaurant well run by her husband Jeff Mervis and herself. La Petite Maison is proof that dreams can indeed come true.

Tortas de Salmón

Rinde 10 tortas pequeñas

**1 libra de salmón cocido,
refrigerado**
2 chalotes, finamente picados
**2 tallos de apio, finamente
picados**
mantequilla
1 cucharada de perejil picado
**1 taza de mayonesa casera (receta
en sección de Básicos)**
1 taza de pan molido
**1/4 de cucharadita de salsa
inglesa, worcestershire**
1/8 de cucharadita de sal

Ablandar los chalotes y el apio en un poco de mantequilla. Dejar enfriar. Agregar todos los ingredientes, excepto el salmón. Delicadamente mezclar el salmón con los demás ingredientes, usando un tenedor. Refrigerar por lo menos 1 hora. Formar tortitas del tamaño deseado y saltear en un sartén de teflón con muy poco aceite. Escurrir en toallas de papel y servir con una salsa holandesa Dijon.

1/8 de cucharadita de pimienta
una pizca de pimienta cayenne
1/4 de cucharadita de paprika
1 1/2 cucharadas de alcaparras picadas

Costillas de Borrego Dijonnaise

Rinde 6 porciones

**1 sección entera de costillas de
borrego (pedir al carnicero que
las corte estilo francés)**
**2 cucharadas de ajo, finamente
picado**
1 cucharadita de paprika
sal y pimienta negra
2 tazas de pan molido fresco
1/2 taza de mostaza Dijon
aceite de oliva para cocinar

Pida al carnicero que recorte los gordos. Cortar entre las costillas para hacer chuletas. Poner a un lado. Agregar ajo, sal, pimienta negra y paprika al pan molido y mezclar bien. Con un cepillo de pasteleria, pintar ambos lados de las chuletas con mostaza. Presionar las migas sazonadas sobre las chuletas. Refrigerar durante un corto tiempo antes de cocinar (1/2 hora). Saltear en aceite de olivo a temperatura deseada. Las chuletas deben tomar un lindo color dorado.

Torte au Chocolat

Rinde 12 porciones

**6 onzas de mantequilla sin sal,
suavizada**
**8 onzas de chocolate semi dulce de
buena calidad**
10 onzas de azúcar
**2 cucharaditas de café bien fuerte o
exprés**
4 huevos

Calentar el horno a 350° F. Preparar un molde de 9 1/2 pulgadas con mantequilla y azúcar. Poner a un lado. Derretir la mantequilla y el chocolate en baño María, mezclando con frecuencia hasta que esté suave. Batir azúcar, café y huevos juntos hasta que estén bien combinados. Agregar a la mezcla de chocolate. Verter en el molde. Hornear en un baño María (con el agua cubriendo sólo 1/4 de los costados del molde), durante aproximadamente 1 1/2 horas. La superficie del pastel debe quedar firme. Sacar del horno. Enfriar por completo. Refrigerar durante varias horas. Servir frío con un rociado de azúcar glas.

Salmon Cakes

Makes 10 small cakes

1 lb. cooked salmon, chilled
2 shallots, finely minced
2 ribs celery, finely chopped
butter
1 T. parsley, minced
1 c. homemade mayonnaise,
   recipe in Basics section
1 c. plain breadcrumbs
1/4 t. worcestershire sauce
1/8 t. salt

Soften shallots and celery in a little butter. Cool. Add all ingredients except salmon together. Gently flake salmon into mixture with a fork. Chill for at least 1 hour. Form into desired cake size and sauté in a non-stick pan with minimal oil. Drain on paper towels and serve with a Dijon hollandaise sauce.

1/8 t. pepper
pinch of cayenne
1/4 t . paprika
1 1/2 T. capers, chopped

Lamb Chops Dijonnaise

Serves 6

1 full rack of lamb, have the
   butcher French cut
2 T. garlic, minced
1 t. paprika
salt and black pepper
2 c. fresh breadcrumbs
1/2 c. Dijon mustard
olive oil for cooking

Have butcher trim rack of all fat and cap if desired. Cut between the rib bones to make chops. Set aside. Add garlic, salt, black pepper and paprika to breadcrumbs and mix well. With a pastry brush, liberally paint both sides of each chop with mustard. Press crumbs onto lamb chops. Refrigerate for a short time before cooking (1/2 hour). Sauté in olive oil to desired temperature. Chops should have a nice golden color.

Torte au Chocolat

Serves 12

6 oz. unsalted butter, softened
8 oz. good quality semi-sweet
chocolate
10 oz. sugar
2 t. very strong coffee or espresso
4 eggs

Preheat oven to 350°. Prepare 9 1/2" springform pan covering bottom and sides of pan with butter and sugar. Set aside. Melt butter and chocolate in a double boiler, stirring often until smooth. Beat sugar, coffee and eggs together until well blended. Add to chocolate mixture. Pour into springform pan. Bake in a water bath (with water coming only 1/4" up the sides of the pan), for approximately 1 1/2 hours. Top of cake should be firm. Remove from oven. Cool completely. Refrigerate for several hours. Serve chilled with a dusting of powdered sugar.

Little Meals

¿Cómo puede superarse el honor de ser el primer chef del presidente municipal de la Ciudad de Nueva York a la tierna edad de veinte y tres años? ¿Tal vez, siendo la más joven mujer en la posición de chef ejecutivo de los almacenes "Lord & Taylor's" en todo el país? ¿O, tal vez obteniendo el prestigioso premio James Beard por el "Libro de Cocina del Año"? Tal vez éstas tres cosas y más. La Señorita Gold se ha dado a conocer como una de las mejores consultantes de comida del país. A través de este proceso, ha influenciado menus en varios de los restaurantes de más éxito en la Cuidad de Nueva York, incluyendo "The Rainbow Room", "Rockefeller Center Club", "Cafe Greco", "The Hudson River Club" y "The Continental Club". La pérdida de Ed Koch es nuestra ganancia. Rozane, generósamentre nos ofrece tres de sus espectaculares creaciones. Estamos ansiosos por ver la publicación de su próximo libro, que será la continuación de "LITTLE MEALS: A GREAT NEW WAY TO EAT

Little Meals

Rozanne Gold – Little Meals
Culinary Director
Joseph Baum and Michael Whiteman
Company
212-206-7110

How do you top the honor of becoming the first chef to the Mayor of New York City at the tender age of twenty-three? Maybe by becoming the youngest female executive chef for Lord & Taylor's department stores nationwide? Or maybe by winning the prestigious James Beard "Cookbook of the Year" Award? Maybe all three and more? Ms. Gold has become one of the country's top food consultants. In the process, she has influenced menus at many of New York's successful restaurants including The Rainbow Room, Rockefeller Center Club, Cafe Greco, The Hudson River Club, and The Continental Club. The mayor's loss is our gain. Rozanne has gracefully consented to provide us with three of her spectacular creations. We'll look forward to the publication of the follow-up cookbook to "LITTLE MEALS: A GREAT NEW WAY TO EAT AND COOK".

Pollo a la Haitiana y Piña Asada

Rinde 4 porciones

4 muslos de pollo
4 piernas de pollo
3/4 de taza de cebolla, finamente picada
1/2 taza de vinagre blanco
1/4 de taza de aceite de olivo
1/4 de taza de jugo de naranja
3 cucharadas de jugo de limón
1 cucharada de azúcar
1 cucharada de sal
1 cucharada de hojas de tomillo seco
1 1/2 cucharadas de pimienta dulce molida
3 dientes de ajo, finamente picados

Poner todos los ingredientes en un tazón grande. Tapar y refrigerar durante 3 horas o más. Calentar el horno a 375° F. Sacar el pollo y la piña del remojo y hornear sobre una charola durante 50 minutos. En una cazuela pequeña, reducir el remojo a la mitad. Servir 2 piezas de piña, una pierna y un muslo en cada plato y verterles salsa de remojo encima. Servir con cocteles goombay.

2 cucharaditas de salsa Tabasco
pimienta negra recién molida
4 rebanadas de piña, de 2 cm. de ancho cada una

"Chili" de Frijol Exprés

Rinde 6 a 8 porciones

1/2 libra de frijoles negros, remojados desde la noche anterior
1 hoja de laurel grande
1/4 de taza de aceite vegetal
4 dientes de ajo, finamente picados
3 tazas de cebollas, picadas
2 cucharadas de café exprés instantáneo
2 cucharadas de polvo de chile picante
1 cucharada de comino molido
1 cucharada de hojas de orégano
1 cucharadita de sal
2 3/4 tazas de jitomates machacados, enlatados
1/2 taza de crème fraîche (receta a continuación)

Adorno:
cilantro, picado
queso Monterrey Jack, rallado
cebollitas de Cambray, picadas

Escurrir los frijoles. Ponerlos en una olla grande con una hoja de laurel. Cubrir con 5 cm. de agua y hervir a fuego lento. Poner aceite en una cazuela mediana, agregar ajo y cebollas y cocinar 10 minutos hasta que estén suaves, pero no dorados. Agregar el café exprés, polvo de chile, comino, orégano y la sal. Cocinar 5 minutos a fuego lento, mezclando con frecuencia. Agregar los jitomates machacados y cocinar durante 15 minutos. Añadir a los frijoles y mezclar bien. Asegurarse de que los frijoles estén cubiertos por 2 cm. de líquido. Si no es así, agregar agua. Tapar y cocinar a fuego lento, 2 horas. Destapar y cocinar otra 1/2 hora, hasta que el "chili" esté espeso y los frijoles estén suaves. Servir en platos hondos grandes, de tipo extendido. Agregar de 1 a 2 cucharadas de crème fraîche en el centro de cada uno. Servir con platitos de cilantro picado, queso Monterrey Jack rallado, cebollitas picadas, chocolate amargo rallado, jalapeños rebanados y tortillas de trigo calientitas.

chocolate amargo, rallado
jalapeños, rebanados
tortillas de trigo, calientes

Chicken Haitianne and Baked Pineapple

Serves 4

4 chicken thighs
4 chicken drumsticks
3/4 c. onion, finely chopped
1/2 c. white vinegar
1/4 c. olive oil
1/4 c. orange juice
3 T. lime juice
1 T. sugar
1 T. salt
1 T. dried thyme leaves
1 1/2 T. ground allspice
3 cloves garlic, finely chopped

Put all ingredients in a large bowl. Cover and refrigerate for 3 hours or longer. Preheat oven to 375°. Remove chicken and pineapple from marinade, put in a baking pan and bake for 50 minutes. In a small saucepan, reduce the marinade by half. Serve 2 pieces of pineapple, one leg and thigh on each plate and spoon marinade on top. Serve with goombay cocktails.

2 t. Tabasco sauce
freshly ground black pepper
4 3/4" thick slices fresh pineapple, peeled and cut in half

Espresso Bean Chili

Serves 6-8

1/2 lb. black beans, soaked
  overnight
1 large bay leaf
1/4 c. vegetable oil
4 cloves garlic, minced
3 c. onions, chopped
2 T. instant espresso
2 T. hot chile powder
1 T. ground cumin
1 T. oregano leaves
1 t. salt
2 3/4 c. canned crushed tomatoes
1/2 c. crème fraîche, see Basics
  Section

Garnish
cilantro, chopped
Monterey jack cheese, shredded
scallions, chopped
bitter chocolate, shaved
jalapeños, sliced
wheat tortillas, hot

Drain beans. Put in a large heavy pot with bay leaf. Cover with 2" water and bring to a simmer. Put oil in medium pot, add garlic and onions and cook 10 minutes until soft, but not brown. Add espresso, chile powder, cumin, oregano and salt. Cook 5 minutes over low heat, stirring often. Add crushed tomatoes and cook 15 minutes. Add to beans and mix well. Make sure beans are covered by 1" liquid. If not, add water. Cover and cook over low heat for 2 hours. Uncover and cook another 1/2 hour until chili is thick and beans are tender. Serve chili in large, flat soup plates. Spoon 1-2 T. crème fraîche in center of each. Serve with little bowls of chopped cilantro, shredded Monterey jack cheese, chopped scallions, shaved bitter chocolate, sliced jalapeños and hot wheat tortillas.

Polenta Blanca y "Chili" de Frijoles Negros

Rinde 4 porciones

Polenta
5 tazas de agua
1/2 cucharada de sal
1 1/2 tazas de harina de maíz
  blanco
2 tazas de "chili" exprés de frijoles
  negros (ver receta anterior)
hojas frescas de cilantro

Hervir el agua con la sal en una olla mediana. Agregar la harina de maíz poco a poco, mezclando constantemente para aseguarse de que no se haga bolas. Continuar cocinándola de 20 a 25 minutos hasta que espese. Calentar el "chili" en una cazuela pequeña, hasta que esté bien caliente. Esparcer la harina de maíz cocida equitativamente en 4 platos. Hacer un pozo en el centro de cada uno. Llenar el pozo con 1/2 taza del "chili". Adornar con hojas de cilantro.

Coctel Goombay

Rinde 4 porciones

1/2 taza de ron claro
1/2 taza de ron oscuro
1 taza de jugo de piña
2 cucharadas de jugo de limón
1/4 de taza de crema de coco,
  endulzada

Agitar todos los ingredientes con hielo en un agitador de cocteles hasta que esté espumoso. Colar sobre hielo en copas grandes de fiesta.

White Polenta and Black Bean Chili

Serves 4

Polenta
5 c. water
1/2 T. salt
1 1/2 c. white cornmeal
2 c. espresso bean chili, see recipe
fresh cilantro leaves

Bring water and salt to a boil in a heavy medium-sized pot. Add cornmeal very slowly, stirring constantly to make sure it is smooth. Continue to cook 20-25 minutes until thick. Heat chili in small saucepan until very hot. Spread cooked cornmeal evenly on 4 plates. Make a well in the center of each. Spoon in 1/2 cup chili. Garnish with cilantro leaves.

Goombay Cocktail

Serves 4

1/2 c. light rum
1/2 c. dark rum
1 c. pineapple juice
2 T. lime juice
1/4 c. cream of coconut,
  sweetened

Shake all ingredients with ice in cocktail shaker until frothy. Strain over ice cubes in big, festive glasses.

Pour La France!

"Justo como lo hacía mamá". El amor de Tony a la cocina comenzó en casa observando a su madre preparar suntuosos platillos del norte de Italia. Hoy, "mamma" está orgullosa. Tony nació en la ciudad de Nueva York. Su primer empleo en la profesión fué como lavaplatos en el "Georgetown Saloon" en Georgetown, Connecticut. Clavar por perlas, es un término común de restaurantes que significa "tallando peroles". Esta puede ser a veces la última parada para aficionados altos y delgados del "Grateful Dead". No fue así en el caso de Tony. El chef Stephen Alward lo impulsó a sus límites y lo puso en camino. Tony ha trabajado con ruta al oeste, mostrando su talento en un gran número de restaurantes finos de Denver. Él siente que la cocina es una forma de arte multidimensional (tal vez influenciado un poco por Jerry García) que incluye la vista, el olfato, el tacto y el paladar. Sus sentimientos definitivamente se reflejan en los nuevos menús excitantes de "Pour la France".

Pour La France!

Anthony Hessel – Pour la France
1001 Pearl St.
Boulder, Colorado
303-449-3929

"Just like mamma used to make". Tony's love for cooking began at home watching his mother prepare sumptuous dishes from northern Italy. Today, Mamma is proud. Tony was born in New York City. His first job in the profession was as a dishwasher at the Georgetown Saloon in Georgetown, Connecticut. Pearl diving is restaurant slang for pot scrubbing. It can sometimes be a last stop for tall, slim fans of the Grateful Dead. Not so in the case of Tony. Chef Stephen Alward pushed him to his limit and started him on his way. Tony has worked his way west showing his talent at many fine Denver restaurants. He feels that cooking is a multi-dimensional art form (perhaps influenced a little by Jerry Garcia?) involving sight, smell, touch and palate. His feelings certainly show in the exciting new menus at Pour la France.

Molusco Bivalvo con Lágrimas de Jengibre

Rinde 8 porciones

24 moluscos bivalvos grandes de mar
(de 10 a 20 piezas)
2 tazas de jugo fresco de zanahorias
1/2 taza de jugo fresco de jengibre
2 tazas de aceite de soya
hierbas verdes para adornar cada
plato
1 cucharada de zanahorias, cortadas
en tiritas delgadas de 5 cm. de
largo
1/8 de cucharadita de jengibre,
rallado

Combinar el jugo de zanahoria, el aceite de soya y el jugo de jengibre, y mezclar bien. En un sartén a temperatura media, cocinar los moluscos de un lado durante 2 minutos . Voltear y cocinar 3 minutos más del otro lado. Colocar 4 cucharadas de salsa en un plato caliente. Colocar 3 moluscos, en forma de triángulo, en la salsa. Adornar con las hojas verdes. Adornar los moluscos con zanahorias en tiritas y el jengibre rallado arriba.

Frenchilada

Rinde 2 porciones

4 huevos
1 cucharada de caviar aubergine
1 cucharada de jitomate roma
picado
2 onzas de queso brie francés
2 tortillas de harina gruesas
2 onzas de salsa roja
2 onzas de salsa verde
3 onzas de frijoles negros cocidos
1 cucharadita de cebollitas de
Cambray, picadas
hojas verdes para adornar
crème fraîche para adornar (receta en
sección de Básicos)

Caviar Aubergine:
(Rinde 2 1/2 tazas)
2 1/2 libras de berenjena (2 grandes)
3 cucharadas de aceite de olivo
1 1/2 tazas de cebolla amarilla,
finamente picada
1 cucharada de ajo picado
2 cucharadas de pasta de jitomate
1/2 cucharadita de comino molido
1/2 cucharadita de sal
1/8 de cucharadita de cayenne
1/4 de taza de perejil, finamente picado
2 1/2 cucharadas de jugo fresco de
limón amarillo
1 cucharada de vinagre de resina

En un sartén de teflón ligeramente aceitado, colocar 4 huevos batidos, caviar aubergine, jitomates picados y queso brie. Mezclar bien. Mientras se mezclan los huevos, calentar las tortillas. Colocar los huevos cocidos en las tortillas y doblar. Colocar las Frenchiladas en el centro de los platos y cubrir una mitad con 1 onza de la salsa roja y la otra mitad con 1 onza de la salsa verde. Agregar los frijoles negros a un lado del plato y las hojas verdes al otro lado. Colocar un tarrito de crème fraîche junto a las hojas verdes y rociar la Frenchilada con cebollitas picadas.

Caviar Aubergine:

Picar las berenjenas con un tenedor por todos los lados, de arriba a abajo. Poner las berenjenas en las hornillas de la estufa o asar en una parrilla a fuego medio y quemar las cáscaras hasta que queden negras. Voltear y quemar del otro lado (aproximadamente 5 minutos por cada lado). Colocar las berenjenas en una charola y hornear a 400° F durante 30 minutos. Enfriar. Calentar las cebollas en aceite, luego añadir el ajo y saltear a fuego medio lentamente por 15 minutos, hasta que las cebollas se suavicen, pero que no se doren. Agregar la pasta de jitomate, el comino, la sal y el cayenne y cocinar un minuto para incorporar. Partir las berenjenas a la mitad y sacarles la pulpa carnosa. Deshechar las cáscaras quemadas. Trate de dejar el líquido en la charola. Agregar la pulpa de berenjena a la mezcla de cebollas y jitomate en el sartén. Cocinar sobre fuego medio hasta que el líquido se haya evapo-

Seared Scallops with Carrot Ginger Tears

Serves 8

24 large sea scallops (10-20
   count)
2 c. fresh carrot juice
1/2 c. fresh ginger juice
2 c. soy oil
field greens for garnishing each
   plate
1 T. carrots, julienned
1/8 t. ginger, shredded

Combine carrot juice, soy oil and ginger juice and mix well. Sear scallops in pan over medium heat on one side for 2 minutes. Turn and sear an additional 3 minutes until scallops are medium. Place 4 T. sauce on a warm plate. Place 3 scallops in a triangle on the sauce. Garnish with field greens. Top scallops with julienned carrots and shredded ginger.

Frenchilada

Serves 2

4 eggs
1T. aubergine caviar
1 T. roma tomatoes, diced
2 oz. French brie
2 thick flour tortillas
2 oz. red salsa
2 oz. green salsa
3 oz. cooked black beans
1 t. scallions, chopped
field greens for garnish
crème fraîche for garnish, recipe
   in Basics section

Aubergine Caviar
(yield 2 1/2 cups)
2 1/2 lbs. eggplant (2 large)
3 T. olive oil
1 1/2 c. yellow onion, finely
   chopped
1 T. garlic, chopped
2 T. tomato paste
1/2 t. ground cumin
1/2 t. salt
1/8 t. cayenne
1/4 c. parsley, finely chopped
2 1/2 T. fresh lemon juice
1 T. balsamic vinegar

In a lightly oiled teflon pan, place 4 eggs beaten, aubergine caviar, roma tomatoes and brie and scramble together. While scrambling eggs, warm the tortillas. Place cooked eggs in tortillas and fold. Place Frenchiladas in center of plates. Top half of Frenchilada with 1 oz. red salsa and the other half with 1 oz. green salsa. Add the black beans to one side of the plate and field greens to the other side. Place a ramekin of crème fraîche next to the field greens and sprinkle Frenchilada with scallions.

Aubergine Caviar:

Prick eggplants with fork on all sides from top to bottom. Set eggplants on open burners or grill over medium heat and char outside of eggplants until skin blackens. Turn once and char again (approximately 5 minutes per side). Place eggplants on sheet pan and roast in 400° oven for 30 minutes. Let cool. Heat onions in oil, then add garlic and sauté over medium heat slowly for 15 minutes until onions are soft, but not brown. Stir in tomato paste, cumin, salt and cayenne and cook one minute to incorporate. Cut eggplants in half and scoop out flesh. Discard charred skins. Try leaving the liquid behind in pan. Add eggplant pulp to onion-tomato mixture in pan. Cook over medium heat until liquid evaporates (about 5 minutes). Place in food processor and pulse 2-3 times.

Frenchilada (continuación)

Salsa Roja:
15 jitomates enteros, frescos
4 cucharaditas de ajo picado
2 cebollas amarillas finamente picadas
  (1 libra)
2 tazas de cilantro finamente
  picado (3 onzas)
1 cucharadita de sal
1 cucharadita de pimienta negra
1 taza de agua

Salsa Verde:
1 cebolla amarilla mediana,
  finamente picada
1 cucharadita de ajo
aceite para freir
6 chiles poblanos, asados, pelados y
  sin semillas
4 jalapeños asados, pelados y sin
  semillas
1 manojo de cilantro picado
3 tazas de agua
2 cucharadas de fécula de maíz
3 cucharadas de agua

rado (durante unos 5 minutos). Colocar en la procesadora y procesar con 2 o 3 toques del botón. No hacerlo puré. La mezcla debe quedar con bastante textura y tener presencia de hilos. Colocar en un tazón y enfriar. Agregar perejil, jugo de limón amarillo, vinagre y sal. Refrigerar.
Salsa Roja:
Cubrir los jitomates y el ajo con agua caliente y hervir hasta que los jitomates se suavicen (cuando la cáscara comience a separarse de los jitomates), aproximadamente unos 20 minutos. Guardar 1 taza del agua de los jitomates para agregar después. Hacer puré de los jitomates y el ajo en la procesadora, permitiendo que quede con trozos. Verter la mezcla en un tazón y agregar cilantro y cebollas. Añadir la taza de agua reservada y sazonar con sal y pimienta. La salsa debe quedar aguada.
Salsa Verde:
Saltear las cebollas y el ajo hasta que estén traslúcidos. Agregar los chiles y el cilantro. Saltear a fuego medio durante 5 minutos. Quitar del fuego y batir en la procesadora. Verter de nuevo al sartén y agregar 3 tazas de agua. Hervir a fuego lento. Mezclar la fécula de maiz con 3 cucharadas de agua y agregar a la mezcla en el sartén. Sazonar con sal y pimienta, al gusto.

Ensalada de Pollo Tailandés

Rinde 1 porción

2 onzas de pechuga de pollo,
  horneada y finamente picada
1/4 de taza de apio picado
1/4 de taza de zanahorias picadas
2 cucharadas de cebollitas de
  Cambray, picadas
4 onzas de fideos de arroz fritos en
  aceite, hasta que esponjen
un manojo de hojas verdes
2 onzas de salsa de ciruela y
  naranja con especias
2 onzas de naranjas peladas y
  rebanadas

**Salsa de Ciruela y Naranja con
  Especias:**
1/2 taza de salsa "hoisin"

En un tazón, combinar el pollo, el apio, las zanahorias y las cebollitas. Agregar los fideos de arroz inflados; luego agregar la salsa y mezclar bien. Colocar la ensalada en el centro del plato y acomodar las hojas verdes alrededor. Adornar con rebanadas de naranja.

Combinar todos los ingredientes, excepto el aceite, en la procesadora. Batir hasta que esté cremoso. Pasar por una coladera fina. Verter de nuevo en la procesadora y agregar aceite de soya. Batir.

1/4 de taza de jugo de naranja
1/4 de taza de jugo de ciruela
1 manojo de hierba de té de limón (cymbopogon citratus)
1/4 de taza de vinagre de vino de arroz
1 cucharada de pasta de chile
2 tazas de aceite de soya

Frenchilada (continued)

Red Salsa
15 tomatoes, whole, fresh
4 t. garlic, chopped
2 yellow onions, finely chopped (1 lb.)
2 c. cilantro, finely chopped (3 oz.)
1 t. salt
1 t. black pepper
1 c. water

Green Salsa
1 medium yellow onion, minced
1 t. garlic
oil for sautéing
6 poblano peppers, roasted, peeled and seeded
4 jalapeños, roasted, peeled and seeded
1 bunch cilantro, chopped
3 c. water
2 T. cornstarch
3 T. water

Do not purée. Mixture should still have plenty of texture and be somewhat stringy. Place in bowl and let cool. Add parsley, lemon juice, vinegar and salt. Chill.

Red Salsa:

Cover the tomatoes and garlic with hot water and boil until tomatoes are soft (when the skin begins to break away from the tomatoes), about 20 minutes. Save 1 cup of the boiled water to add later. Purée tomatoes and garlic in food processor until chunky. Pour mixture into a bowl and add cilantro and onions. Add reserved cup of water and season with salt and pepper. Sauce should be runny.

Green Salsa

Sauté onions and garlic until translucent. Add peppers and cilantro. Sauté over medium heat for 5 minutes. Remove from heat and blend in a food processor. Return to pan and add 3 cups water. Bring to a boil and reduce to a simmer. Mix cornstarch with 3T. water and add to mixture in saucepan. Season with salt and pepper to taste.

Thai Chicken Salad

Serves 1

2 oz. chicken breast, baked, finely diced
1/4 c. celery, diced
1/4 c. carrots, diced
2 T. scallions, chopped
4 oz. rice stick noodles, fried in oil until puffed
handful of mixed field greens
2 oz. spicy plum orange dressing
2 oz. peeled and sliced oranges

Spicy Plum Orange Dressing
1/2 c. hoisin sauce
1/4 c. orange juice

In a bowl combine chicken, celery, carrots and scallions. Add puffed rice sticks. Add dressing and toss well. Place salad in center of plate and scatter field greens around edge. Garnish with orange slices.

Combine all ingredients except oil in the food processor. Blend until smooth. Strain through a fine sieve. Return to processor and add soy oil. Blend.

1/4 c. plum juice
1 bunch lemon grass
1/4 c. rice wine vinegar
1 T. chili paste
2 c. soy oil

Ranelle's

Nacido en Iowa, Sean se mudó a Coal Creek Canyon de bebé y creció allá donde las montañas han sido una parte íntegra de su vida. Viajes de campamento con exquisitas comidas despertaron su gusto epicúreo por la buena comida y el buen vino. Asistió al "Culinary Institute of America" y recibió una beca a Suiza, lugar donde estudió y conoció a su futura esposa. Fueron a España donde él y Margarita se casaron, y allí desarrolló un paladar para los sabores españoles. De regreso en Denver, tomó el puesto de chef en "Ranelle's", donde sirve platillos auténticos del norte de Italia y ahora en "Ranelle's 2" ha agregado además algunos de sus platillos mediterráneos.

Ranelle's

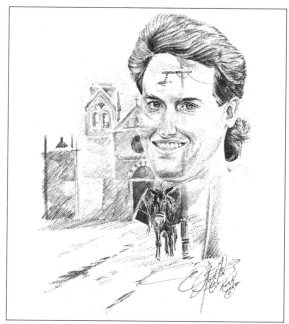

Sean Fowler – Ranelle's
1313 E. 6th Ave.
Denver, Colorado
303-831-1992

Born in Iowa, Sean moved to Coal Creek Canyon as a baby and grew up there where the mountains have been an integral part of his life. Camping trips with fine meals started his epicurean taste for fine food and wine. He attended the Culinary Institute of America and received a scholarship to Switzerland where he studied as well as met his future wife. They went to Spain where he and Margarita were married and there he developed a palate for Spanish flavors. Back in Denver, he became chef at Ranelle's where he serves authentic Northern Italian cuisine and now at Ranelle's 2 has added some of his Mediterranean dishes as well.

Friseé con Pescado "Monkfish"

Rinde 2 porciones

**6 onzas de pescado "monkfish",
rebanado en medallones
delgados
una cabeza entera de ajo
1 cabeza de lechuga frisée
vinagre de resina añejado
aceite de olivo extra virgen**

Colocar la cabeza entera de ajo en el horno y asar a 400° F durante 30 minutos. Dejar reposar 15 minutos; luego separar los dientes de la cabeza de ajo.

Sazonar los medallones de pescado con sal y pimienta y espolvorear con harina. Cocinar el pescado en un sartén de hierro forjado a alta temperatura hasta que se dore de ambos lados. Poner a un lado, reservándolo para después.

Limpiar y aderezar la lechuga frisée con vinagre de resina, aceite de olivo extra virgen y sal y pimienta. Colocar el pescado sobre la lechuga y esparcir los dientes de ajo sobre el pescado. Delicioso si se sirve con baguette de trigo entero.

Costillas de Cerdo con Manzanas y Queso

Rinde 6 porciones

**26 a 30 onzas de costilla de cerdo
(pedir al carnicero que las corte
a la francesa)
1 onza de mantequilla
1 manzana red delicious, sin el
corazón y finamente rebanada
1 cucharadita de pimienta roja
picante, seca
1 taza de vermouth
1 taza de crema espesa
2 onzas de queso cambozola**

Sazonar las costillas de cerdo por todos los lados con sal y pimienta y cocinar en un sartén de hierro forjado a alta temperatura hasta, que se doren por fuera. Hornear descubiertas a 375° F, hasta que se cocinen al término de su gusto (aproximadamente 30 minutos). Mientras se hornea el cerdo, saltear las manzanas hasta que estén doradas y acarameladas, agregar vermouth y pimienta roja y reducir hasta formar un glaceado. Agregar crema y queso, y hervir a fuego lento hasta que espese. Sazonar con sal y pimienta, al gusto. Servir las costillas sobre la salsa.

Frisée with Seared Monkfish

Serves 2

6 oz. monkfish, thinly sliced into medallions
whole garlic bulb
1 head frisée lettuce
aged balsamic vinegar
extra virgin olive oil

Place whole garlic bulb in 400° oven and roast for 30 minutes. Let stand for 15 minutes, then squeeze garlic from bulb.

Season medallions of monkfish with salt and pepper and dust with flour. Sear fish in a cast iron skillet on high heat until golden brown on both sides set aside and reserve.

Clean and dress frisée with balsamic vinegar, extra virgin olive oil and salt and pepper. Place monkfish over greens and scatter garlic cloves over monkfish. Delicious if served with whole wheat baquette.

Rack of Pork with Apples and Cheese

Serves 6

26-30 oz. pork rack, ask the butcher to French cut
1 oz. butter
1 red delicious apple, cored and thinly sliced
1 t. dried spicy red pepper
1 c. vermouth
1 c. heavy cream
2 oz. cambozola cheese

Season pork rack on all sides with salt and pepper and sear it in a cast iron skillet on high heat until golden brown on outside. Bake, uncovered, in 375° oven until cooked to your liking (approximately 30 minutes). As pork is baking, sauté apples until brown and caramelized, add vermouth and red pepper and reduce until a slight glaze forms. Add cream and cheese and simmer until thick. Season with salt and pepper to taste. Serve pork over sauce.

Tarta Tatín de Plátano y Ron

Rinde 6 porciones

**6 cucharadas de mantequilla sin
sal**
1 1/4 tazas de azúcar
2 cucharadas de ron
**6 plátanos pelados y cortados en
rebanadas de 2 cm. de ancho**
**hoja de pasteleria cortada en
diámetro de 8 pulgadas**
azúcar glas para adornar

Calentar el horno a 425° F. Derretir la mantequilla en un sartén de hierro forjado de 8 pulgadas. Agregar azúcar y 2 cucharadas de agua. Cuando se vaya dorando, añadir ron y continuar calentando. Quitar del fuego y dejar reposar 5 minutos. Poner los plátanos en el sartén y cocinar a fuego medio hasta que el caramelo burbujée con el olor a plátano y ron. Cubrir los plátanos con la hoja de pastelería acomodando las orillas alrededor de los plátanos y picar la pasta con un tenedor. Hornear aproximadamente 25 minutos, hasta que estén dorados. Aflojar las orillas con un cuchillo, colocar un plato de servir sobre el sartén y voltear exponiendo los plátanos. Adornar con azúcar glas.

Banana Rum Tarte Tatin

Serves 6

6 T. unsalted butter
1 1/4 c. sugar
2 T. rum
6 bananas, peeled and sliced 3/4"
  thick
sheet of puff pastry, cut in 8"
  diameter
powdered sugar for garnish

Preheat oven to 425°. Melt butter in 8" cast iron skillet, stir in sugar and 2 T. water. As it becomes brown, add rum and continue to heat. Remove from heat and let stand 5 minutes. Pack bananas into skillet and cook over moderate heat until caramel bubbles with the smell of bananas and rum. Drape pastry over bananas tucking edges down around bananas and prick pastry with a fork. Bake for 25 minutes in oven or until golden. Loosen edges with a knife, place a serving plate over skillet and invert, exposing the bananas. Garnish with powdered sugar.

The Rattlesnake Grill

Nativo de la región del medio-oeste, Jimmy primero tuvo intereses por la ingeniería y la automovilística, pero más tarde se enamoró de la comida y del vino y siguió su educación en este campo. Recibió varios títulos en Francia y en los Estados Unidos. Los dueños del "London Chop House" en Detroit lo tentaron a ser el chef ejecutivo y gerente general. Allí se dió a conocer como el chef que estaba cambiando la escena de los restaurantes a través de todo el país. En 1985 vino a Denver para hacerse socio del "Rattlesnake Club", el restaurante de más clase que Denver jamás había visto. Él y su socio expandieron su negocio abriendo un "Rattlesnake Club" en Detroit. Posteriormente, se hizo propietario único en Detroit, dejando así a Denver. Ahora ha añadido varios restaurantes menos exclusivos a sus empresas, con su socio Ilitch de "Littler Ceasar Enterprises". Su talento se ve claramente en su libro, "Cooking For All Seasons" (Cocinando Para Todas las Estaciones), en su larga lista de premios, y primordialmente por su fabulosa interpretación de grandes comidas en su cocina. Ahora, Jimmy regresa a Denver con "The Rattlesnake Grill", un restaurante de categoría pero más al alcance del bolsillo, donde ofrece su gran cocina.

The Rattlesnake Grill

Jimmy Schmidt – Rattlesnake Club
300 River Place
Detroit, Michigan 313-567-4400
– Rattlesnake Grill
Cherry Creek Mall
Denver, Colorado 303 377-8000

A native midwesterner, Jimmy first was interested in engineering and automobiles, but then fell in love with food and wine and pursued his education in the field. He received several degrees from France and in the United States. The owners of The London Chop House in Detroit enticed him to become executive chef and general manager. There he became known as the chef who was changing the dining scene across the country. In 1985 he came to Denver to become a partner in the Rattlesnake Club, the most upscale restaurant Denver had ever seen. He and his partner expanded with a Rattlesnake Club in Detroit. Eventually, he became the sole proprietor in Detroit, leaving Denver. He now has added several less expensive restaurants to his enterprises with partner Michael Ilitch of Littler Caesar Enterprises. His talent is clearly shown in his book, "Cooking For All Seasons", his long list of awards, and mostly for his wonderful interpretation of great food in his kitchen. Now, Jimmy is returning to Denver with The Rattlesnake Grill, an upscale but moderately priced showcase of Jimmy's cuisine.

Salmón Chipotle Sobre Pasta

Rinde 4 porciones

6 onzas de pasta seca, pelo de
ángel
4 cucharadas de aceite de olivo
1 taza de cebolla colorada, picada
2 tazas de tomates verdes, sin
cáscara, lavados y picados
1 cucharada de jengibre fresco,
pelado y finamente picado
2 cucharaditas de comino molido
1 taza de vinagre de sidra
1 cucharada de miel
1 taza de papaya, pelada, sin
semillas y picada
2 1/2 cucharaditas de chiles
chipotles en salsa adobada,
hechos puré (sustituir con chiles
jalapeños asados y finamente
picados o chiles habaneros a su
gusto)
2 pimientos rojos, asados, pelados, sin semillas y hechos puré
4 filetes de salmón de 6 onzas
cada uno
1 taza de hojas de cilantro

En una olla grande de agua salada hirviendo, cocinar la pasta hasta que esté al dente (firme al morderla), aproximadamente 2 minutos. Escurrir el agua con una coladera y dejar que se enfríe. En una charola de hornear cubierta con papel pergamino, dividir la pasta en 4 montones. Esparcer la pasta en círculos de 10 cm. de diámetro. Guardar en el refrigerador.

En un sartén grande, calentar 2 cucharadas de aceite de olivo sobre fuego medio. Agregar la cebolla y cocinar hasta que se suavice, unos 3 minutos. Agregar los tomates verdes, el jengibre y el comino, cocinándolos hasta que estén suaves y dulces, aproximadamente 10 minutos. Agregar el vinagre y la miel mezclando bien. Hervir a fuego lento y cocinar, hasta que los jugos se hayan espesado y se adhieran a una cuchara. Agregar la papaya, cocinando hasta que esté suave y que los jugos, una vez más, se hayan espesado, aproximadamente 1 minuto. Quitar del fuego. Agregar 1/2 cucharadita de puré de chipotle y probar antes de agregar más, para obtener la sazón que se desée sin pasarse de picante.

Calentar la parrilla. En un sartén grande de teflón, calentar las 2 cucharadas de aceite de olivo restantes, sobre fuego medio. Pasar con cuidado la pasta al sartén, manteniendo su forma redonda. Cocinar la base de los discos de pasta, hasta que estén doraditos, unos 2 minutos. Voltear con una espátula y continuar cocinando, hasta que estén bien dorados. Colocar en toallas de papel y escurrir la grasa. Mantener calientes en el horno, hasta que estén listos para servirse. Untar el salmón con 2 cucharaditas del puré de chipotle. Colocar el salmón en la parrilla, cocinándolo aproximadamente 4 minutos. Voltear, cocinando hasta el punto o término de su gusto, aproximadamente 2 minutos para término medio, dependiendo del grosor de su filete. Poner los discos de pasta en el centro de los platos de servir. Colocar el salmón sobre la pasta. Agregar el "chutney" alrededor de la pasta en el plato y una cucharada sobre el salmón. Gotear el puré de pimiento rojo, alrededor de la pasta con el "chutney". Rociar las hojas de cilantro sobre el "chutney" y la salsa de pimiento rojo. Servir inmediatamente.

Chipotle Salmon on Pasta Cakes

Serves 4

6 oz. dried angel hair pasta
4 T. olive oil
1 c. red onion, diced
2 c. tomatillos, remove husk,
   wash and dice
1 T. fresh ginger, peeled and
   finely diced
2 t. ground cumin
1 c. cider vinegar
1 T. honey
1 c. papaya, peeled, seeded and
   diced
2 1/2 t. chipotle chiles in
   adobado sauce, puréed finely
   (substitute roasted minced
   jalapeño or habanero chiles to
   your taste)
2 red peppers, roasted, peeled,
   seeded and puréed
4 6 oz. salmon filet steaks
1 c. cilantro leaves

In a large pot of salted boiling water, cook the pasta until al dente, (firm to the bite) about 2 minutes. Remove to a colander, drain and cool. On a parchment lined cookie sheet divide the pasta into 4 piles. Spread the pasta into 4 circles or discs, each 4" in diameter. Reserve in the refrigerator.

In a large skillet, heat 2 T. olive oil over medium heat. Add the onion and cook until softened, about 3 minutes. Add the tomatillos, ginger and cumin, cooking until tender and sweet, about 10 minutes. Add the vinegar and honey stirring well. Return to a simmer and cook until the juices are thickened to coat the back of a spoon. Add the papaya, cooking until tender and the juices are once again thickened, about 1 minute. Remove from the heat. Add 1/2 t. chipotle purée at a time until the heat develops to your preferred spice level.

Preheat grill. In a large non-stick skillet, heat remaining 2 T. olive oil over medium high heat. Carefully transfer the pasta into the pan while maintaining the round shape. Cook the bottom of the pasta discs until crisp and golden, about 2 minutes. Turn over with a spatula and continue cooking until crisp and golden. Transfer to paper towels and drain. Keep warm in the oven until serving. Rub the surfaces of the salmon with about 2 t. chipotle purée. Place the salmon on the grill, cooking until seared, about 4 minutes. Turn over, cooking until your desired degree of doneness is reached, about 2 minutes for medium-rare, depending on the thickness of your filet. Position the pasta discs in the center of the serving plates. Lay the salmon on top of the pasta. Spoon the chutney around the pasta on the plate and a dollop on top of the salmon. Drizzle the seasoned red pepper purée around the pasta with the chutney. Sprinkle the cilantro leaves over the chutney and red pepper sauce. Serve immediately.

Espárragos con Limón Amarillo y Jengibre

Rinde 4 porciones

1 libra de espárragos frescos
4 cucharadas de aceite de canola
2 dientes de ajo, finamente picados
1 cucharada de jengibre, finamente picado
una pizca de hojuelas de chile machacado (opcional)
2 cucharaditas de salsa de soya baja en sodio
2 cucharadas de jugo de limón amarillo
2 cucharadas de cebollín fresco
sal y pimienta, al gusto
1 cucharada de semillas de ajonjolí blancas

Cortar y deshechar la base dura de los tallos de espárragos. Cortar los tallos diagonalmente en trozos de 4 cm. y poner a un lado. En un sartén grande de teflón, o un "wok", calentar el aceite a alta temperatura. Agregar el ajo, el jengibre y las hojuelas de chile, opcionales, cocinando hasta que estén dorados, aproximadamente 2 minutos. Añadir los espárragos, mezclando de vez en cuando hasta que se suavicen pero que aún estén un poco duros, unos 2 ó 3 minutos, dependiendo del tamaño. Luego, agregar la salsa de soya y el jugo de limón amarillo, y mezclar suavemente. Quitar del fuego y agregar el cebollín. Sazonar con sal y pimienta. Pasar a un plato de servir caliente. Rociar con semillas de ajonjolí y servir inmediatamente.

Pudín Brioche de Zarzamora

Rinde 8 porciones

8 tazas de pan brioche, picado
4 tazas de zarzamoras frescas u otra mora que se le parezca
6 huevos, batidos
3 yemas de huevo, batidas
1 taza de azúcar
2 cucharadas de extracto de vainilla
1 1/2 tazas de leche, escaldada
1 1/2 tazas de media crema ("half and half"), escaldada
azúcar glas para adornar
8 bolas de helado de vainilla francesa
8 ramitas de menta para adornar

En un refractario engrasado de 9 x 13 pulgadas, esparcer la mitad del brioche picado, uniformemente en la base. Distribuir la mitad de las zarzamoras sobre el brioche. Cubrir las zarzamoras con el resto del brioche. Colocar las zarzamoras restantes arriba. En un tazón mediano combinar los huevos, las yemas de huevo, el azúcar y la vainilla. Poco a poco añadir la leche escaldada y la media crema, hasta que queden bien combinados. Verter esta mezcla sobre las zarzamoras y el brioche. Con un cucharón o espátula aplastar el brioche, hasta que la mayor parte de la crema haya sido absorbida. Hornear en la parrilla más baja del horno a 350° F, hasta que esté firme y dorado, aproximadamente de 25 a 30 minutos. Checar si está listo, picándolo con una brocheta en el centro, para asegurarse de que esté caliente y seco. Sacar del horno y dejar enfriar sobre una rejilla para pasteles.

Para Servir:

Cortar el brioche caliente en cuadros. Con una cuchara, sacar el pudín a los platos de servir. Rociar con azúcar glas cernida. Colocar una bola de helado a un lado del pudín, adornar con una ramita de menta y servir.

Lemon Ginger Asparagus

Serves 4

1 lb. fresh asparagus
4 T. canola oil
2 cloves garlic, minced
1 T. ginger, finely chopped
pinch crushed dried chile flakes
    (optional)
2 t. low sodium soy sauce
2 T. lemon juice
2 T. snipped fresh chives
salt and pepper to taste
1 T. white sesame seeds

Trim away the tougher woody base from the asparagus stalks, Cut the stalks on the bias into 1 1/2" segments and reserve. In a large non-stick skillet or wok, heat the oil over high heat. Add the garlic, ginger and optional chile flakes cooking until golden, about 2 minutes. Add the asparagus, occasionally stirring until tender, yet still crunchy, about 2-3 minutes, depending on size. Add the soy and the lemon juice, tossing just to combine. Remove from the heat and add the chives. Season with salt and pepper. Mound on to a warm serving dish. Sprinkle the top with sesame seeds and serve immediately.

Blackberry Brioche Pudding

Serves 8

8 c. brioche bread, cubed
2 pts. fresh blackberries or related
    berries
6 eggs, beaten
3 egg yolks, beaten
1 c. sugar
2 T. vanilla extract
1 1/2 c. milk, scalded
1 1/2 c. half and half, scalded
powdered sugar for garnishing
8 scoops French vanilla ice cream
8 sprigs fresh mint for garnishing

In a buttered 9" x 13" baking dish place half of the cubed brioche evenly across the bottom. Distribute half of the blackberries over the brioche. Cover the blackberries with remaining brioche. Top with remaining blackberries. In a medium bowl combine the eggs, yolks, sugar and vanilla. Gradually add the hot scalded milk and half and half until combined. Pour the mixture over the blackberries and brioche. With a spoon or spatula, push down on the brioche until most of the cream mixture has been absorbed. Bake on the lower rack of a 350° oven until firm and golden, about 25-30 minutes. Test by inserting a skewer into the center to make sure it is hot and dry. Remove to a cake rack to cool slightly.

To Serve:

Cut the warm brioche pudding into squares. With a spoon, transfer the pudding to serving plates. Dust with sifted powdered sugar. Position a scoop of ice cream beside pudding, garnish with mint sprig and serve.

Renaissance Restaurant

Crear un restaurante premiado que ofrece cocina francesa moderna apta para un rey es una árdua tarea. Para Charles Dale, la historia de su experiencia es apropiada al tema. Charles se crío a edad temprana en el Palacio de Mónaco, siendo parte de la tutela temprana del Principe Alberto y la Princesa Carolina. Comida fina, alrededores bellos, y servicio excepcional, ahora sellos oficiales del "Renaissance Restaurant", eran parte de la rutina diaria. Charles se enlistó en los rangos de los reyes culinarios primero en "Le Cirque" en la ciudad de Nueva York, uniéndose más tarde a los empleados del "Hotel Plaza Athenee". El Chef Daniel Boulud se convirtió en su mentor de mayor influencia, al igual que su mejor amigo. Juntos regresaron a "Le Cirque" donde el restaurante obtuvo una codiciada cuarta estrella del "New York Times". Charles Dale ha moldeado la cocina clásica francesa con la esencia del estilo americano. Su idea de que la comida es una forma de arte, como medio de comunicación con sus huéspedes, es central al tema de "La Alquimia de la Comida" que presenta "Renaissance". Disfruten estas adaptaciones elegantes y relativamente fáciles de la comida francesa vista a través de un lente americano.

Renaissance Restaurant

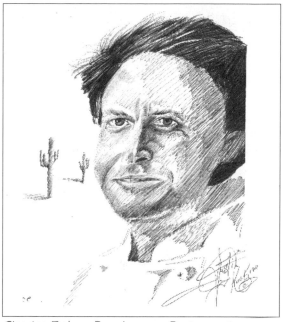

Charles Dale – Renaissance Restaurant
304 E. Hopkins St.
Aspen, Colorado
(303) 925-2402

Creating an award winning restaurant featuring Modern French cuisine fit for a king is an arduous task. For Charles Dale, the job background is most appropriate. Charles was raised early on in the Palace of Monaco, joining in an early tutorial with Crown Prince Albert and Princess Caroline. Fine food, beautiful surroundings, and exceptional service, now hallmarks of the Renaissance Restaurant, were a part of daily routine. Charles first joined the ranks of the culinary kings at Le Cirque in New York City, later joining the staff at the Plaza Athenee Hotel. Chef Daniel Boulud became Charles' most influential mentor and friend. Together they returned to Le Cirque where the restaurant earned a coveted fourth star from the New York Times. Charles Dale has molded classic French cuisine with the essence of American style. His belief in food as an art form, as a means of communication with his guests, is central to the Renaissance theme of "The Alchemy of Food". Enjoy these relatively simple, elegant adaptations of French food through an American lens.

Chuletas de Borrego Sazonadas y Doradas

Rinde 4 porciones

3/4 de taza de pan molido fino
1/2 taza de mostaza Dijon
2 chiles chipotle secos,
   desmoronados (pueden
   sustituirse con chiles rojos)
1 diente de ajo, picado
Papas Batidas con Ajo:
4 papas de Idaho, con cáscara
6 dientes de ajo, pelados, enteros
1 cucharada de sal
1/2 taza de crema espesa
1/2 taza de leche
4 cucharadas de mantequilla
sal y pimienta blanca, al gusto
1/4 de taza de aceite puro de
   olivo

Colocar el pan molido en un plato extendido. En un plato hondo pequeño, mezclar la mostaza, los chiles y el ajo. Untar una capa delgada de la mezcla de mostaza, de un lado de cada chuleta. Colocar las chuletas en el pan molido, con el lado de la mostaza hacia abajo. Untar el resto de la mostaza en los lados descubiertos de la chuleta. Voltear las chuletas y empanizar bien del otro lado. Las chuletas pueden ponerse a un lado por varias horas.

Colocar las papas en una cacerola gruesa de tamaño mediano (no pelar las papas), junto con los dientes de ajo y la sal. Romper hervor y continuar hirviendo a fuego lento aproximadamente 45 minutos. Escurrir las papas, reservando los dientes de ajo. Calentar la crema, la leche y la mantequilla en una cazuela mediana (o en el horno de microondas durante un minuto a alta potencia). Dejar que las papas se enfríen unos 5 minutos; luego pelarlas con una toalla húmeda, frotándolas a mano. Pasar las papas y el ajo por un molino, agregar la mezcla de crema, mezclar bien, sazonar, tapar y poner a un lado.

En un sartén grande a fuego medio, calentar el aceite de olivo. Agregar las chuletas de borrego y dorar delicadamente 5 minutos de cada lado, hasta que estén a término medio. Servir inmediatamente con las papas batidas.

Risotto con Champiñones Silvestres

Rinde 4 porciones

1 cebolla blanca, finamente picada
2 cucharadas de mantequilla
1/2 libra de arroz "arborio"
1/2 taza de vino blanco seco
3 1/2 tazas de caldo de pollo,
   caliente
1 cucharadita de sal, al gusto
2 cucharadas de crema espesa
1/4 de taza de queso parmesano
   Reggiano, rallado
2 libras de champiñones varios
   (shiitake, chanterelle, portobello,
   etc.)
2 cucharadas de aceite de olivo
2 chalotes, finamente picados
1 diente de ajo, finamente picado
1 cucharada de romero y tomillo
   picado
una salpicada de vino blanco
1/4 de taza de caldo de pollo
sal y pimienta, al gusto

Saltear la cebolla a fuego medio en un cucharada de mantequilla. Agregar arroz y mover para tostarlo, pero no dorarlo. Agregar 1/2 taza de vino blanco y mezclar hasta que se absorba, aproximadamente un minuto. Agregar suficiente caldo de pollo caliente para cubrir apenas y mezclar constantemente. Cuando se absorba, agregar más caldo para cubrir y ahora agregar la sal, moviendo. Repetir hasta que se absorba todo el líquido, o que el arroz esté "al dente". Poner a un lado mientras se saltean los champiñones. Tener los champiñones rebanados y listos para saltear. Saltear a alta temperatura en aceite de olivo, agregando los chalotes, el ajo y las hierbas. Mezclar y agregar la salpicada del vino, permitiendo que se absorba; luego agregar más caldo de pollo, sal y pimienta. Mantener caliente. Poner el risotto de nuevo a la llama y agregar el último 1/4 de taza de caldo, mantequilla, crema y queso parmesano. Sazonar con sal y pimienta y servir en un plato hondo con champiñones arriba. El risotto debe tener una textura cremosa y cada grano debe verse claramente. Servir con queso parmesano recién rallado, opcional.

Crispy and Spicy Lamb Chops

Serves 4

3/4 c. fine breadcrumbs
1/2 c. Dijon mustard
2 dry chipotle chiles, crumbled
(can substitute red chiles)
1 clove garlic, chopped

Garlic Mashed Potatoes
4 Idaho baking potatoes, skin on
6 cloves garlic, peeled, left whole
1 T. salt
1/2 c. heavy cream
1/2 c. milk
4 T. butter
salt and white pepper to taste
1/4 c. pure olive oil

Place breadcrumbs on a dinner plate. In a small bowl, mix mustard, chiles and garlic. Spread a thin layer of mustard mix on one side of each lamb chop. Put chops mustard-side down in breadcrumbs. Spread remaining mustard mixture on the uncovered sides of the chops. Turn chops over onto breadcrumbs to finish coating other side. Chops can be set aside for several hours at this point.

Place potatoes in a heavy, medium-sized stockpot (do not peel the potatoes) along with the garlic cloves and salt. Bring to a boil, then reduce to a simmer for approximately 45 minutes. Drain the potatoes, reserving the garlic cloves. Heat cream, milk and butter in a medium saucepan (or in microwave on high for 1 minute). Allow the potatoes to cool for five minutes, then peel them with a damp towel, rubbing them by hand. Sieve the potatoes with the garlic in a food mill, add the cream mixture, mix thoroughly, season, cover and reserve.

In a large skillet on medium heat, heat olive oil. Add lamb chops and brown gently, five minutes on each side, until medium-rare. Serve immediately with mashed potatoes.

Risotto with Wild Mushrooms

Serves 4

1 white onion, finely diced
2 T. butter
1/2 lb. arborio rice
1/2 c. dry white wine
3 1/2 c. chicken stock, hot
1 t. salt, or to taste
2 T. heavy cream
1/4 c. Parmesan Reggiano, grated
2 lb. assorted mushrooms
(shiitake, chanterelle,
portobello, etc.)
2 T. olive oil
2 shallots, minced
1 clove garlic, minced
1 T. rosemary and thyme,
chopped
dash of white wine
1/4 c. chicken stock
salt and pepper to taste.

Sauté onion over medium heat in 1 T. butter. Add rice and stir to toast, but not color. Add 1/2 c. white wine and stir until absorbed, about 1 minute. Add hot chicken stock to barely cover and stir constantly. When first batch is absorbed, add more to cover and now add salt, stirring. Repeat until all the liquid is absorbed, or rice is al dente. Set aside briefly while sautéing mushrooms. Have mushrooms sliced and ready to go. Sauté over high heat in olive oil, stirring, add shallots, garlic, and herbs. Toss briefly and add wine, allow to absorb, then add stock, salt and pepper. Keep warm. Return the risotto to the heat, and add last 1/4 c. chicken stock, butter, cream and parmesan cheese, season with salt and pepper and serve in a bowl with mushrooms on top. Risotto should have a creamy texture and each grain should be distinct. Serve optional freshly grated parmesan cheese.

Soufflé de Chocolate Renaissance

Rinde 8 porciones

mantequilla suave, para engrasar los moldes
azúcar granualda para rociar en los moldes
2 onzas de mantequilla
3 onzas de chocolate semidulce
1 onza de chocolate semiamargo
3 yemas de huevo
2 onzas de agua tibia
11 onzas (7/8 de taza) de claras de huevo
2 onzas de azúcar glas para adornar

Engrasar 8 moldes de soufflé de 8 onzas cada uno, con mantequilla. Rociar con azúcar granulada y refrigerar, hasta que estén listos para usarse. Calentar el horno a 375° F. Derretir la mantequilla en una cazuela, agregar el chocolate y mezclar hasta que se derrita. Quitar del fuego. Batir las yemas de huevo y agua tibia con un batidor eléctrico hasta que se esponjen y tomen un color cremita. Batir las claras de huevo con el azúcar en un tazón de acero inoxidable o de cobre, sobre agua tibia, hasta que se disuelva el azúcar. Quitar del agua tibia y continuar batiendo hasta que se formen picos firmes. Combinar las mezclas de chocolate y yemas de huevo y mezclar bien. Agregar 1/3 de las claras de huevo, y luego agregar el resto mezclando delicadamente, girando el tazón al mezclar, en un movimiento circular. Llenar los moldes de soufflé casi hasta arriba, y refrigerar hasta que estén listos para usarse. Estarán bien hasta por 6 horas. Hornear a 350° F de 9 a 10 minutos, o hasta que esponjen y no estén muy aguados al agitarlos. Sacarlos del horno y rociar con azúcar glas y servir inmediatamente.

Chocolate Soufflé Renaissance

Serves 8

soft butter for greasing molds
granulated sugar for lining molds
2 oz. butter
3 oz. semi-sweet chocolate
1 oz. bittersweet chocolate
3 egg yolks
2 oz. warm water
11 oz. (7/8 c.) egg whites
2 oz. sugar
powdered sugar for garnishing

Grease 8, 8 oz. soufflé molds with butter, dust with granulated sugar and refrigerate until ready to use. Preheat oven to 375°. Melt butter in a saucepan, add chocolate and stir until melted. Remove from heat. Whisk yolks and warm water together with an electric mixer until fluffy and cream-colored. Whisk egg whites and sugar together in a stainless or copper bowl over warm water until sugar dissolves. Remove from heat and continue to whisk until stiff peaks form. Mix chocolate and egg yolk mixture thoroughly together. Mix in 1/3 of egg whites, then fold in remainder very gently, but thoroughly, turning the bowl in a circular motion. Fill the soufflé molds to just under the top, and refrigerate until ready to use. They will hold for 6 hours. Cook in 375° oven 9-10 minutes, or until risen and not too runny when shaken. Remove quickly dust with powdered sugar and serve immediately.

The Restaurant at The Little Nell

En estos dias, la emigración de Los Angeles, California a Aspen, Colorado no es un evento poco usual. Lo que sí es poco usual es la magnífica cocina que ha evolucionado durante el proceso de esta emigración del oeste al este, de la costa a la cima de las montañas. La carrera de George en el negocio de la comida comenzó después de recibir su título de artes, en filosofía. George ha dicho que comenzó a cocinar como resultado de un deseo de trabajar con sus manos en un campo que fuese un reto intelectual. Pues logró su deseo. El ha moldeado artística- mente un nuevo estilo de cocina americana contemporánea, con un toque del Mediterraneo, Pacífico y Centro América. Su filosofía es sencilla..el énfasis está siempre en el sabor y la textura, usando los productos más frescos, y la finura de la preparación final. El "Restaurant at The Little Nell" es la más reciente y más brillante estrella en una cadena de éxitos de cinco estrellas, que comen- zaron en 1985. Disfrute estas recetas y más si lo desea con el últi- mo recetario de George, "The Bel-Air Book of Southern California Food and Entertaining", un libro que es tan bello como es informati- vo.

The Restaurant at The Little Nell

George Mahaffey – The Restaurant at The
Little Nell
675 E. Durant
Aspen, Colorado
303-920-4600

These days a migration from Los Angeles, California to Aspen, Colorado is not an unusual event. What is unusual is the magnificent cuisine which has evolved during that migration from west to east, seashore to mountaintop. George's career in the food business began after receiving a bachelor of arts in philosophy. George has said that he began to cook as a result of a desire to work with his hands in a field that is intellectually challenging. Well, he got his wish. He has artistically molded a new style of contemporary American cuisine with a smattering of the Mediterranean, the Pacific Rim and Central America. His philosophy is simple...the emphasis is always on flavor and texture, using the freshest products and the finesse of the final preparation. The Restaurant at The Little Nell is the latest and brightest star in a chain of five star accomplishments stretching back to 1985. Enjoy these recipes and more if you like with George's last cookbook, "The Bel-Air Book of Southern California Food and Entertaining", a book which is as beautiful as it is informative.

Codorniz Asada con Glacé de Sidra

Rinde 4 porciones

4 piezas de codorniz (sin hueso
  de pechuga, ni alas)
2 tazas de champiñones mixtos:
  cremini, shiitake, chanterelle,
  rebanados
2 cucharadas de chalotes, picados
1 cucharada de tomillo fresco,
  picado
1 cucharada de perejil fresco,
  picado
6 onzas de glacé de sidra
4 cucharadas de granos de elote
2 cucharadas de cebollín, picado
2 cucharadas de jitomates roma,
  picados
3 cucharaditas de vinagreta de
  limón amarillo 1 taza de
  lechuga frisée
aceite de oliva
2 papas blancas, peladas
aceite para freir

Vinagreta de Limón:
1/4 de taza de vinagre de
  champaña
2 cucharaditas de jugo de limón
  amarillo
raspadura de 1 limón amarillo
1 cucharada de mostaza Dijon
1 cucharada de perejil, picado
1 cucharadita de sal
2 cucharaditas de pimienta negra
  entera, triturada
3/4 de taza de aceite de oliva

Glacé de Sidra:
1 litro de sidra (de manzana)
1 litro de caldo de pollo
2 tazas de "demi-glace"
1/4 de taza de miel de maple
5 ramitas de tomillo
1 cucharada de ajo, picado

Combinar todos los ingredientes, excepto el aceite, y mezclar bien. Agregar el aceite lentamente, mientras se bate con batidor de alambre para combinar.

Calentar la parrilla, asegurándose de que las rejillas estén limpias y bien untadas o cepilladas con aceite. Rociar las codornices con sal y pimienta, asegurándose de cubrir las aves enteras. Poner a un lado. Hacer la vinagreta de limón amarillo y poner a un lado. Tomar la papa ya pelada, y con un pelador de papa, rebanar la papa a lo largo creando tiras delgadas y largas. Freir en aceite a 350° F hasta que estén doradas. Escurrir en toallas de papel y sazonar con mezcla de perejil y tomillo picados.

Calentar el aceite de oliva en un sartén y agregar los champiñones rebanados, cocinándolos hasta que estén suaves. Sazonar con sal, pimienta negra, perejil y tomillo. Quitar del fuego y mantener caliente. Colocar las codornices sobre la parrilla y cocinar 7 minutos; voltear y cocinar otros 6 minutos. Quitar de la parrilla y cepillar generosamente con el glacé de sidra y dejar reposar de 4 a 5 minutos.

Para Servir:

Colocar un montículo de champiñones en el centro del plato. Mezclar las hojas de lechuga frisée con el elote, el cebollín, los jitomates y la vinagreta, y colocarlas del lado derecho del plato. Colocar las codornices sobre los champiñones y adornarlas cubriéndolas con las papas fritas.

1 hoja de laurel
**Combinar todos los ingredientes y reducir a la mitad.
  Colar a través de una coladera fina.**

Grilled Cider Glazed Quail

Serves 4

4 pieces quail, breast bone and
   wings removed,
2 c. mixed mushrooms: cremini,
shiitake, chanterelle, sliced
2 T. shallots, chopped
1 T. fresh thyme, chopped
1 T. fresh parsley, chopped
6 oz. cider glaze,
4 T. corn kernels
2 T. chives, chopped
2 T. roma tomatoes, chopped
3 t. lemon vinaigrette,
1 c. frisée lettuce
olive oil
2 white potatoes, peeled
oil for frying

Lemon Vinaigrette
1/4 c. champagne vinegar
2 t. lemon juice
zest of 1 lemon, finely chopped
1 T. Dijon mustard
1 T. parsley, chopped
1 t. salt
2 t. cracked black pepper
3/4 c. olive oil

Cider Glaze
1 qt. apple cider
1 qt. chicken stock or broth
2 c. demi-glace
1/4 c. maple syrup
5 thyme sprigs
1 T. garlic, chopped
1 bay leaf
Combine all ingredients and
   reduce by half. Strain through a
   fine mesh strainer.

Combine all ingredients except oil and stir together. Add oil slowly while whisking to combine.

Preheat grill, making sure grates are clean and rubbed or brushed with oil. Sprinkle quail with salt and black pepper, making sure to coat the whole bird. Set aside. Make lemon vinaigrette and set aside. Take peeled potato and with a potato peeler, using long strokes, peel the potato lengthwise into strips. Fry in 350° oil until golden brown. Drain on paper towels and season with mixture of chopped parsley and thyme.

Heat olive oil in a sauté pan and add sliced mushrooms, cooking until limp. Season with salt, black pepper, parsley and thyme. Remove from heat and keep warm. Place quail on grill and cook 7 minutes turn and cook another 6 minutes. Remove from grill, generously brush with cider glaze and let rest 4-5 minutes.

To Serve:

Place a mound of mushrooms in the center of plate. Mix frisée with corn, chives, tomatoes and vinaigrette and place at "3 o'clock" position on the plate. Place quail on top of mushrooms and garnish top of quail with potato chips.

Pechuga de Pollo Cubierta de Cacahuates

Rinde 4 porciones

4 pechugas de pollo cubiertas de cacahuate
2 tazas de fideos celofán, remojados
4 cucharaditas de hojas de albahaca, rotas
4 hojas de "bok choy", pasadas por agua hirviendo
8 vainitas con chícharos tiernos, pasados por agua
1 taza de champiñones shiitake, cortados en cuartos
1/2 taza de jitomate riñón, enteros
2 tazas de salsa de chile rojo y frijoles negros
4 cucharadas de frijoles negros

Pasta:
4 tazas de cacahuates (maní) tostados
raspadura de 2 limones amarillos
6 tazas de pan molido estilo japonés
2 cucharadas de cilantro picado
2 huevos batidos
harina para sazonar

Salsa de Chile Rojo y Frijoles Negros:
1 taza de frijoles negros fermentados*
1 1/2 tazas de vinagre de vino de arroz
1 1/2 cucharaditas de sambal (pasta de chile rojo)*
2 tazas de caldo de pollo
1/4 de taza de azúcar
2 cucharadas de salsa de soya
6 hojas de albahaca, rotas
*disponible en mercados asiáticos

Tostar los cacahuates en el horno a 400° F, hasta que estén doraditos. Dejar enfriar y cortarlos en trozos. Combinar los trozos de cacahuate, la raspadura de limón amarillo, el pan molido y el cilantro, en un tazón. Enharinar las pechugas de pollo, revolcar en los huevos batidos y cubrir con la mezcla de los cacahuates.

Salsa de Chile Rojo y Frijoles Negros:

Combinar todos los ingredientes y hervir, reducir a fuego medio y cocinar 10 minutos. Quitar del fuego y colar con una coladera fina.

Remojar los fideos celofán en agua fría durante 20 minutos, hasta que estén suaves. Calentar el aceite de cacahuate en un sartén y agregar las pechugas de pollo. Cocinar 3 minutos, voltear y cocinar 5 minutos más. Escurrir en toallas de papel. Mantener caliente. Agregar las verduras y los fideos al sartén con el caldo y la salsa de frijoles negros.

Cocinar hasta que las verduras estén listas, aproximadamente 3 minutos. Colocar los fideos en el centro de cada plato y acomodar las verduras alrededor. Verter la salsa sobre los fideos y colocar una pechuga encima. Adornar con los frijoles negros.

Peanut Crusted Chicken Breast

Serves 4

4 peanut crusted chicken breasts,
2 c. cellophane noodles, soaked
4 t. basil leaves, torn
4 leaves of bok choy, blanched
8 snow peas, blanched
1 c. shiitake mushrooms,
** quartered**
1/2 c. pear tomatoes, whole
2 c. red-chile black bean sauce
4 T. black beans

Crust
4 c. roasted peanuts
zest of 2 lemons
6 c. Japanese breadcrumbs
2 T. cilantro, chopped
2 eggs, beaten
flour for dipping

Red Chili Black Bean Sauce
1 c. fermented black beans*
1 1/2 c. rice wine vinegar
1 1/2 t. sambal (red chili paste)*
2 c. chicken stock or broth
1/4 c. sugar
2 T. soy sauce
6 basil leaves, torn
*****available at Asian markets**

Roast peanuts in 400° oven until golden brown. Cool and chop roughly. Combine peanuts, zest, breadcrumbs and cilantro in mixing bowl. Dust chicken breasts in flour, dip in eggs and coat with peanut mixture.

Red Chili Black Bean Sauce:

Combine all ingredients and bring to a boil, reduce heat to medium and cook 10 minutes. Remove from heat and strain through a fine mesh strainer.

Soak cellophane noodles in cold water for 20 minutes until soft.

Heat peanut oil in sauté pan and add chicken breasts. Cook 3 minutes, turn and cook 5 minutes. Drain on paper towels. Keep warm. Add vegetables and noodles into sauté pan with broth and black bean sauce. Cook until vegetables are done, about 3 minutes. Place noodles in the center of each plate and arrange vegetables around plate. Pour sauce over noodles and top with chicken breast. Garnish with black beans.

Filete de Atún al Carbón, Estilo Sushi

Rinde 4 porciones

4 piezas de atún "ahi" (de 6 onzas cada uno, y 4 cm. de grosor)
salsa de soya para la mesa
4 tazas de hojas verdes mixtas, partes iguales de arugula, frisée y radicchio
4 cucharadas de vinagreta de cacahuate (maní) para sushi
8 onzas de salsa de limón y cilantro
4 tazas de papas wasabi

Vinagreta de Cacahuate para Sushi:
3 cucharadas de vinagre de vino de arroz
3 cucharadas de aceite de cacahuate (maní)
1/2 cucharadita de pimienta negra triturada
Mezclar todos los ingredientes con un batidor de alambre.

Salsa de Limón y Cilantro:
1 cucharada de ajo, picado
1 cucharada de chalotes picados
1/4 de taza de puerro picado
1 hoja de laurel
1/2 cucharadita de sambal (pasta de chile rojo china)
2 cucharadas de jugo de limón
1/2 taza de vino blanco
1 cucharadita de pimienta blanca
1 manojo de cilantro
1 litro de caldo de pollo (receta en Sección de Básicos)
2 tazas de crema
1/2 taza de pan blanco sin orillas
1/2 taza de piezas de pimiento rojo asado
1/2 taza de mantequilla, cortada en trozos

Papas Wasabi:
4 tazas de papas batidas, calientes
3/4 de taza de pasta wasabi
1 taza de crema espesa
3 cucharadas de mantequilla
Combinar todos los ingredientes mezclando bien.

Saltear el ajo, los chalotes y el puerro, con la hoja de laurel, el sambal, el jugo de limón, el vino, el cilantro y la pimienta blanca durante 5 minutos. Agregar el caldo de pollo, la crema y el pan blanco. Hervir a fuego lento hasta que se reduzca a la mitad. Colar en una coladera fina y agregar los pimientos asados. Agregar la mantequilla, pedazo por pedazo y colar de nuevo.

Calentar la pasta wasabi, la crema y la mantequilla, juntos. Verter al tazón con las papas batidas y mezclar bien. Sazonar con sal y pimienta.

Para Cocinar el Atún:

Calentar un sartén grueso o de acero forjado, hasta que comience a humear. Remojar el atún en la salsa de limón y cilantro y colocar las piezas de pescado en el sartén. Cocinar 3 minutos, voltear y cocinar 3 minutos más. Servir inmediatamente.

Para Servir:

Esparcir las papas wasabi en el centro del plato hasta un diámetro de 6 pulgadas. Colocar las hojas verdes sobre las papas y cubrir con el atún. Agregar la salsa, con una cuchara, alrededor del plato.

Charred Tuna Steak, Sushi Style

Serves 4

4 pieces ahi tuna, 6 oz. each,
   1 1/2 " thick
soy sauce for dipping
4 c. mixed greens, equal parts
   arugula, frisée and radicchio
4 T. peanut sushi vinaigrette
8 oz. lime cilantro sauce
4 c. wasabi potatoes

Peanut Sushi Vinaigrette
3 T. rice wine vinegar
3 T. peanut oil
1/2 t. cracked black pepper
Mix all ingredients together with
a whisk.

Lime Cilantro Sauce
1 T. garlic, chopped
1 T. shallots, chopped
1/4 c. leeks, chopped
1 bay leaf
1/2 t. sambal (Chinese red chili
   paste)
2 T. lime juice
1/2 c. white wine
1 t. white pepper
1 bunch cilantro
1 qt. chicken stock, recipe in
   Basics section
2 c. cream
1/2 c. white bread, crust removed
1/2 c. roasted red pepper pieces
1/2 c. butter, cut up into pieces

Wasabi Potatoes
4 c. mashed potatoes, hot
3/4 c. wasabi paste
1 c. heavy cream
3 T. butter
Combine all ingredients, mixing
well.

Sauté garlic, shallots and leeks with bay leaf, sambal, lime juice, wine, cilantro and white pepper for 5 minutes. Add chicken stock, cream and white bread. Simmer until reduced by half. Strain through a fine mesh strainer and add roasted pepper. Add butter piece by piece and strain again.

Warm wasabi paste, cream and butter together. Add to mixing bowl with mashed potatoes and mix well. Season with salt and pepper.

To Cook Tuna:

Heat a heavy skillet or cast iron pan to the smoking point. Dip tuna into lime-cilantro sauce and place in skillet. Cook 3 minutes, turn and cook 3 more minutes. Serve immediately.

To Serve:

Spread wasabi potatoes in center of plate to a diameter of 6". Place mixed greens on top of potatoes and top with tuna and spoon sauce around plate.

Silverheels Southwest Grill

Sueños de niño de gloria como concursante en el "Betty Crocker Bake-off" se han realizado recientemente en la creación de dos restaurantes, físicamente diferentes, pero filosóficamente idénticos. El restaurante "Silverheels Southwest Grill" en la localidad de Wildernest, Silverthorne está escondido entre las áreas de esquí del condado "Summit".   Una experiencia íntima de excelente comida, jazz suave y servicio excelente. Mientras que en Golden el restaurante se encuentra localizado en el antiguo capitolio territorial de Colorado, restaurado y lleno de historia. Años anteriores de experimentos de cocina y juegos de química, y años posteriores de experiencia en Europa, Francia y México, fueron la inspiración de Bob. Él ha tomado las comidas nativas de Colorado y las especias entrelazadas de España y México con una técnica clásica francesa para dar un giro total- mente nuevo a la cocina contemporánea del suroeste.

Silverheels Southwest Grill

Bob Starekow – Silverheels Southwest Grill
1122 Washington Ave.
Golden, Colorado
303-279-6390
81 Buffalo Dr.-Wildernest
Silverthorne, Colorado
303-468-2926

Childhood dreams of glory as an entrant in the Betty Crocker Bake-off have recently been fulfilled in the creation of two physically different but philosophically identical restaurants. The Silverheels Southwest Grill in the mountain location of Wildernest, Silverthorne is nestled among the ski areas of Summit County. A quiet experience of excellent food, soft jazz and excellent service. While in Golden, the restaurant is housed in the restored Territorial Capitol of Colorado and reeks of history. Early years of cooking experiments and chemistry sets to later years of experience in Europe, France and Mexico gave Bob his inspiration. He has taken native Colorado foods and interwoven the herbs and spices of Spain and Mexico with classical French technique to create a wholly new twist on contemporary Southwestern cuisine.

Rollos Arcoiris

Rinde 8 porciones como bocadillo -2 c.u.; Rinde 4 porciones como platillo principal -4 c.u.

1 libra de filetes de salmón
1 libra de filetes de trucha arcoiris
2 tazas de estofado de pan de maíz
1 manojo de berro
1 1/2 tazas de salsa holandesa de cilantro

Estofado de Pan de Maíz:
2 tazas de harina de maíz amarillo
1 taza de harina
1/2 taza de azúcar
1 cucharadita de bicarbonato
1 cucharadita de sal
3 cucharadas de mantequilla derretida
2 tazas de jocoque
1/2 taza de chiles verdes picados
2 cucharadas de jalapeños, finamente picados
1 taza de cerezas secas (pueden sustituirse con otras frutas secas)
1/2 taza de nueces, picadas

Salsa Holandesa de Cilantro:
1 onza de vinagre de frambuesa
1/4 de cucharadita de cilantro molido
1/4 de cucharadita de estragón
1/4 de cucharadita de albahaca
8 ramitas de cilantro, finamente picadas
2 onzas de agua
5 yemas de huevo
16 onzas de mantequilla clarificada (receta en sección de Básicos)
1 cucharada de jugo de limón amarillo

Calentar el horno a 350° F. Engrasar y enharinar una charola de 9 x 12 pulgadas. Combinar la harina de maíz, la harina, el azúcar, la sal y el bicarbonato. Agregar los demás ingredientes. Mezclar hasta que estén combinados y verter en la charola de hornear. Hornear de 35 a 40 minutos. Dejar enfriar completamente.

Desmoronar el pan de maíz en un tazón grande y agregar los siguientes ingredientes:
1/2 taza de cebolla, picada y ligeramente salteada
1/2 taza de apio picado y ligeramente salteado
8 onzas de colas de cangrejo de río, salteadas en mantequilla hasta que estén suaves
Mezclar hasta que quede bien combinado.

Cortar 16 cuadros de envoltura plástica de 12 pulgadas cada una y colocar en el area donde se va a trabajar. Cuidadosamente rebanar el salmón y la trucha en filetes bien delgados, cortando diagonalmente. Los filetes deben pesar aproximadamente 1 onza cada uno. Acomodar 6 ramitas de berro alternando una rama hacia arriba y otra hacia abajo en el centro de cada pieza de plástico. Con cuidado colocar una pieza de salmón y una de trucha, encimando un poco, sobre el berro. Cubrir con una cucharada copeteada de la mezcla de estofado. Enrollar el estofado en los filetes de pescado y torcer las orillas del plástico hasta formar un bultito apretado en forma de habano. Amarrar los extremos del plástico juntos, y poner a un lado.

Combinar vinagre y hierbas en una cazuela pequeña y reducir hasta que esté seco. Añadir el agua. Agregar esta reducción a las yemas de huevo y batir sobre agua hirviendo a fuego lento, hasta que las yemas espesen. Poco a poco agregar la mantequilla mientras está aún tibia la mezcla, batiendo constantemente. Agregar el jugo de limón amarillo.

Preparación Final:

Hervir en agua los bultitos con pescado, durante aproximadamente 10 minutos, o hasta que estén firmes. Hacer un corte en el extremo de cada paquete con un cuchillo afilado y extraer cada rollito, colocándolo en un charquito de la salsa holandesa de cilantro, y adornar con ramitas frescas de berro.

Rainbow Pones

Serves 8 as appetizer- 2 pones each; Serves 4 as entrée-4 pones each

1 lb. salmon filets
1 lb. rainbow trout filets
2 c. cornbread stuffing
1 bunch watercress
1 1/2 c. cilantro hollandaise

Cornbread Stuffing
2 c. yellow cornmeal
1 c. flour
1/2 c. sugar
1 t. baking soda
1 t. salt
3 T. butter, melted
2 c. buttermilk
1/2 c. green chiles, chopped
2 T. jalapeño chiles, minced
1 c. dried cherries (other dried
   fruit may be substituted)
1/2 c. pecans, chopped

Cilantro Hollandaise
1 oz. raspberry vinegar
1/4 t. ground coriander
1/4 t. tarragon
1/4 t. basil
8 sprigs cilantro, minced
2 oz. water
5 egg yolks
16 oz. butter, clarified, recipe in
   Basics section
1 T. lemon juice

Preheat oven to 350°. Grease and flour a 9" x 12" baking pan. Combine cornmeal, flour, sugar, salt and baking soda. Add remaining ingredients. Mix until roughly combined and pour into baking pan. Bake 35-45 minutes. Cool completely.

Crumble cornbread into a large mixing bowl and add the following ingredients:
   1/2 c. onion, chopped and wilted in a sauté pan
   1/2 c. celery, chopped and wilted in a sauté pan
   8 oz. crayfish tails, sautéed in butter until tender
   Toss together until combined.

Tear off 16 12" squares of plastic film wrap and place on counter top of work area. Carefully slice salmon and trout into wafer thin fillets, working on the bias. The filets should average about 1 oz. each. Arrange 6 sprigs of watercress alternating top to bottom in the center of each piece of plastic film. Carefully place a piece each of salmon and trout, overlapping slightly, on top of the watercress. Top with one heaping tablespoon of stuffing mixture. Roll the stuffing into the fish filets and twist the ends of the film wrap until you have formed a tight cigar shaped bundle. Tie the ends of the film wrap together and set aside.

Combine vinegar and herbs in a small saucepan and reduce until dry. Add the water. Add this reduction to egg yolks and whisk over simmering water until the yolks thicken. Gradually add the butter while it is still warm, whipping constantly. Add the lemon juice.

Final Preparation:

Poach the pone bundles in simmering hot water for approximately 10 minutes or until firm. Slit the end of each package with a sharp knife and slip each pone out onto a bed of the cilantro hollandaise and garnish with fresh sprigs of watercress.

Corvina Chilena Sonora

Rinde 8 porciones

8 filetes de corvina chilena de 7 onzas cada uno

Remojo:
1 lata de 46 onzas de jugo de piña
1/2 taza de salsa de soya
1/2 taza de jerez
1 cucharada de jengibre molido
1 1/2 cucharaditas de macis
1/2 taza de aceite de canola
2 cucharadas de aceite de ajonjolí

Salsa Diablo Naranja:
1 1/2 tazas de mermelada de naranja
3/4 de taza de piña triturada
3/4 de taza de jalea de manzana

1/4 de taza de crema blanca de rábano picante
1 cucharada de mostaza seca (en polvo)
1 cucharada de pimienta negra triturada
1 jalapeño, finamente picado

Mezclar todos los ingredientes del remojo y dejar reposar durante una hora antes de usar.

Mezclar todos los ingredientes para la salsa en un tazón grande, a velocidad media, hasta que estén bien mezclados. Dejar reposar una hora antes de usar.

Remojar la corvina, en la preparación de remojo, un mínimo de 6 horas. Asar el pescado sobre fuego medio en una parrilla cubierta, sazonando con la salsa diablo mientras se cuece. Servir tan pronto como el pescado comience a desgajarse con facilidad, o al punto de su gusto. Excelente con arroz español y puerro a la parrilla.

Pay de Nuez y Manzana

Rinde 2 pays

Pasta:
3 tazas de harina
4 cucharadas de azúcar glas
1 cucharadita de sal
2/3 de taza de manteca vegetal sólida
2 yemas de huevo batidas con 8 cucharadas de agua

Cubierta:
1/4 de taza de mantequilla suave
3/4 de taza de nueces
2/3 de taza de azúcar morena

Relleno:
3/4 de taza de pasas, remojadas en 1/4 de taza de whisky borbón
10 tazas de manzanas "granny smith", peladas y rebanadas
2 cucharadas de jugo de limón amarillo

Mezclar los ingredientes secos para la pasta. Agregar la manteca a los ingredientes secos poco a poco y añadir lentamente la mezcla de huevo con agua. La masa se desmoronará. Amasar con un rodillo hasta formar círculos de 12 pulgadas.

Cubrir la base de los moldes para hornear pastel, con papel pergamino. Untar mantequilla en los moldes, cubrir con las nueces y después con azúcar morena. Forrar el molde con la pasta de pay en la base y los lados. Llenar con el relleno de manzanas y pasas. Hornear a 425°F durante 15 minutos y luego reducir la temperatura a 350° F, 25 minutos más. Enfriar 5 minutos. Colocar un plato de servir sobre el molde y voltear el pay. Quitar el papel y enfriar por completo.

2 cucharadas de harina
1/2 taza de azúcar
1/2 cucharadita de canela
1/2 cucharadita de nuez moscada
una pizca de sal

Chilean Sea Bass Sonora

Serves 8

8 7 oz. Chilean sea bass filets

Marinade
1 46 oz. can pineapple juice
1/2 c. soy sauce
1/2 c. sherry
1 T. ground ginger
1 1/2 t. mace
1/2 c. canola oil
2 T. sesame oil

Salsa Diablo Naranja
1 1/2 c. orange marmalade
3/4 c. crushed pineapple
3/4 c. apple jelly
1/4 c. white cream horseradish

1 T. dry mustard
1 T. cracked black pepper
1 jalapeño, finely minced

Mix all ingredients for marinade and allow to stand for one hour before using.

Mix all ingredients for salsa in a large mixing bowl on medium speed until well blended. Allow to stand one hour before use.

Marinate the sea bass at least 6 hours. Grill fish over medium heat on a covered grill, basting with the salsa diablo as it cooks. Serve as soon as fish flakes easily, or cooked to taste. Excellent with Spanish rice and grilled leeks.

Apple Pecan Poorboy Pie

Makes 2 pies

Crust
3 c. flour
4 T. powdered sugar
1 t. salt
2/3 c. solid shortening
2 egg yolks blended with 8 T.
   water

Topping
1/4 c. butter, softened
3/4 c. pecans
2/3 c. brown sugar

Filling
3/4 c. raisins, soaked in 1/4 c.
   bourbon
10 c. granny smith apples. peeled
   and sliced
2 T. lemon juice

2 T. flour
1/2 c. sugar
1/2 t. cinnamon
1/2 t. nutmeg
pinch of salt

Mix dry ingredients for crust. Cut shortening into dry ingredients and slowly add egg yolk and water mixture. Dough will be crumbly. Roll out into 12" circles.

Line 8" round cake pans with parchment paper. Press butter into pans and top with pecan pieces and then brown sugar. Line pan with pie crust over bottom and up sides. Fill with apple-raisin filling. Bake at 425° for 15 minutes then reduce heat to 350° for 25 minutes. Cool 5 minutes. Invert cake pan onto serving plate, remove paper and cool completely.

Star Canyon

Para Stephan Pyles, la cocina Texana es un medio de vida. Su libro de cocina "The New Texas Cuisine" es un poco de vaquero, un poco sureño, un poco latino, y un poco del suroeste - todo parte del estilo y la manera de Stephen. Nativo de Texas, creció en un café de sus padres a orillas de la carretera. Obtuvo su título en música y luego fué a Francia donde su pasión por la cocina se reafirmó. Mas tarde regresó a Europa a estudiar con varios de los mejores chefs de Europa. Con esta educación tan extensa, Stephan, de nuevo en Dallas, se hizo el chef/dueño de "Routh Street Cafe", y allí cambió la escena culinaria de Texas y del país. "Star Canyon" ha recién abierto sus puertas en Dallas con un gran éxito, demostrando el gran estilo de Stephan tanto en la cocina como en los detalles de presentación y ambiente. La combinación de sus talentos lo llevan a la cúspide del mundo de la cocina.

Star Canyon

Stephan Pyles – Star Canyon
3102 Oaklawn Ave. Suite 144
Dallas, Texas
214-520-7827

To Stephan Pyles, Texas cuisine is a way of life. His cookbook "The New Texas Cuisine" is a bit of cowboy, a bit of Southern, Latin and Southwestern-all part of Stephan's style and manner. A native of Texas, he grew up in his parents' truck stop cafe. He went on to earn his college degree in music, then went to France where his passion for cooking was reaffirmed. Later, he returned to Europe to study with many top chefs of Europe. With this extensive background, Stephan, back in Dallas, became the chef/owner of Routh Street Cafe and there changed the cooking scene in Texas and the country. Star Canyon has just opened in Dallas to rave reviews, showing off Stehpan's great style in the kitchen as well as detail to presentation and atmosphere. The combination of his talents make him tops in the world of cooking.

Tortas de Pasilla Capellini

Rinde 6 grandes o 12 pequeñas

8 onzas de capellini (pasta de pelo
  de ángel) cocinado al dente,
  escurrido, enfriado y aceitado.
3 huevos, batidos ligeramente
1/4 de taza de media crema ("half
  and half")
1 cucharada de salsa de tomate catsup, casera
1 cucharada de puré de ajo asado
6 cucharadas de pasta de chile
  pasilla
4 cucharadas de albahaca fresca,
  picada
1 1/2 tazas de queso pecorino,
  rallado
sal, al gusto
1/4 de taza de aceite vegetal
1/4 de taza de aceite de olivo

Pasta de Chile Pasilla:
4 chiles pasilla, también llamados
  chiles negros

Combinar bien los huevos, la crema, el catsup, el ajo, la pasta de chile, la albahaca y el queso pecorino. Agregar la pasta y sazonar con sal. Mezclar bien. Formar 12 tortitas redondas, pequeñas (o 6 grandes). Combinar los aceites en un sartén grande y grueso y colocar sobre fuego medio, hasta que esté humeando un poco. Agregar 6 de las to
rtas capellini y cocinar hasta que se doren por deba-jo, aproximadamente 3 minutos. Voltear y
cocinar 3 minutos más. Mantenerlas calientes mientras se cocinan las demás tortas.

Lavar y secar los chiles. Cortarles los tallos y sacarles las semillas. Asar 1 minuto a 450° F. Pasar los chiles a un tazón y cubrirlos con agua tibia. Dejar que se remojen 30 minutos. Escurrir los chiles, guardando el agua. Licuar los chiles agregando un poco del agua donde se remojaron éstos, sólo la necesaria para crear la pasta.

Frijoles Vaqueros

Rinde de 8 a 10 porciones

3 tazas de frijoles pintos, remojados desde la noche anterior y
  escurridos
2 litros de agua o caldo de pollo
1 pierna de cerdo
1 cebolla, pelada y picada
3 dientes de ajo, pelados y picados
2 jitomates grandes, pasados por
  agua, pelados, sin semillas y
  picados
1/4 de salsa de barbacoa
1 botella de cerveza oscura
3 rebanadas de tocino, picado
3 cucharadas de polvo de chile
  puro
2 cucharaditas de comino molido

4 jalapeños, finamente rebanados
2 cucharadas de cilantro, picado
sal, al gusto

Colocar los frijoles en una olla grande y agregar el agua o caldo, la pierna de cerdo, la cebolla y el ajo. Hervir a fuego lento y agregar todos los ingredientes restantes, excepto el cilantro y la sal. Dejar que hierva a fuego lento aproximadamente 2 horas, agregando más caldo o agua según sea necesario. Cuando los frijoles se suavicen, agregar el cilantro y sazonar con la sal.

Pasilla Capellini Cakes

Make 6 large or 12 small

8 oz. capellini (angel hair pasta)
  cooked al dente, drained,
  cooled and oiled
3 eggs, lightly beaten
1/4 c. half and half
1 T. homemade ketchup
1 T. roasted garlic purée
6 T. pasilla chile paste
4 T. fresh basil, chopped
1 1/2 c. pecorino cheese, grated
salt to taste
1/4 c. vegetable oil
1/4 c. olive oil

Pasilla chile paste
4 pasilla chiles, also called chile
  negro

Thoroughly combine eggs, half and half, ketchup, garlic, chile paste, basil and pecorino. Add pasta and season with salt. Mix well. Form 12 small round cakes (or 6 large). Combine the oils in a large, heavy skillet and place over medium heat until lightly smoking. Add 6 of the capellini cakes and cook until golden brown on bottom, about 3 minutes. Flip cakes and cook an additional 3 minutes. Keep warm while cooking the remaining cakes.

Wash and dry chiles. Cut off stems and remove seeds. Roast for 1 minute at 450°. Transfer chiles to a bowl and cover with warm water. Let stand 30 minutes. Strain the chiles, reserving the liquid, and place in blender. Purée chiles, adding just enough of the soaking liquid to make a paste.

Cowboy Beans

Serves 8-10

3 c. pinto beans, soaked
  overnight and drained
2 qts. water or chicken stock
1 ham hock
1 onion, peeled and diced
3 cloves garlic, peeled and seeded
2 large tomatoes, blanched,
  peeled, seeded and diced
1/4 c. barbecue sauce
1 bottle dark beer
3 slices bacon, diced
3 T. pure chile powder
2 t. ground cumin
4 jalapeños, sliced thinly
2 T. cilantro, chopped
salt to taste

Place the beans in a large pot and add the water or stock, ham hock, onion and garlic. Bring to a boil, reduce to a simmer and stir in all remaining ingredients except cilantro and salt. Let simmer slowly for about 2 hours, adding more stock or water if necessary. When beans are tender, stir in the cilantro and season with the salt.

Brioche de Chipotle

6 onzas de mantequilla sin sal,
  cortada en trozos
1 cucharada de levadura seca
2 cucharadas de agua tibia (aprox.
  85° F)
1 cucharada de azúcar
3 1/2 tazas de harina
5 huevos
1/2 cucharadita de sal
5 cucharadas de puré de chile
  chipotle
1 huevo
1 cucharada de leche

Sacar la mantequilla del refrigerador 1 hora antes de preparar la masa. Debe estar suave, pero no demasiado. En el tazón de una mezcladora eléctrica, combinar la levadura, el agua y el azúcar. Mezclar para disolver y dejar que repose aproximadamente 5 minutos. Usando el accesorio de pala, poco a poco agregar 2 tazas de harina. Agregar 3 de los huevos y continuar batiendo hasta que esté cremoso. Combinar la sal y la harina restantes, y agregarlas a la masa poco a poco mientras se bate. Agregar los huevos restantes y el puré de chile. Batir hasta que esté combinado, aproximadamente 2 minutos. Cambiar el accesorio de pala por el gancho de amasar. Con la máquina andando, agregar la mantequilla, pedazo por pedazo. Batir hasta que quede liso y sedoso y que la masa se separe de los lados del tazón, aproximadamente de 5 a 7 minutos. Colocar la masa en un tazón y cubrirlo con plástico. Poner el tazón en un lugar cálido (72°-75° F es ideal) y dejar que crezca durante 45 minutos. Debe crecer al doble del tamaño original. Aplastarlo y dejar que repose, tapado en el refrigerador durante una noche. Al día siguiente, sacar del refrigerador y moldear la masa para que quepa en cualquier molde de su gusto. Dejar que crezca en un lugar cálido durante 40 minutos. Calentar el horno a 425° F. Cuando la masa haya crecido, delicadamente bañarla con una mezcla de huevo con leche. Hornear durante 15 minutos a 425° F, luego, bajar la temperatura a 370° F y hornear otros 25 minutos. El pan debe sonar hueco al golpearlo. Cuando se enfríe, rebanar el brioche y cepillar ligeramente con aceite de oliva. En una charola de hornear, tostar a 350° F de 2 a 3 minutos.

Tamales de Arroz con Leche y Chocolate Blanco

Rinde 6 porciones

1/2 taza de arroz "arborio"
1 taza de agua
3 cucharadas de azúcar
2 huevos, ligeramente batidos
1 taza de crema espesa
1/4 de taza de leche
1/2 cucharadita de vainilla
1/2 cucharadita de canela
1/4 de cucharadita de nuez moscada
1/4 de taza de pasitas doradas
1 cucharada de ron
1/4 de taza de cerezas secas
1 cucharada de kirsch
3/4 de taza de chocolate blanco
  rallado
13 hojas de maíz, remojadas en agua
  por lo menos 30 minutos

Crema de Ron:
Rinde 1 taza
1 yema de huevo
1/4 de taza de azúcar
1 taza de crema espesa
1 cucharada de ron oscuro

Calentar el horno a 300° F. Remojar las pasitas en el ron. Remojar las cerezas en kirsch. En una cazuela, cocinar el arroz en agua con 2 cucharadas de azúcar. Cuando el arroz esté cocido, agregarlo poco a poco a una mezcladora con todos los ingredientes, excepto el chocolate y las hojas de maíz. Mezclar bien. Verter la mezcla en un molde pequeño para hornear y cubrir con papel aluminio. Hornear durante 20 minutos. Sacar del horno, mezclar y dejar que se enfríe. Agregar el chocolate blanco rallado. Escurrir y secar las hojas de maíz. Romper una hoja en tiras de 1/2 cm.; éstas se usarán para amarrar los tamales. Colocar dos hojas de maíz lado a lado, encimando una sobre la otra unos 5 cm. Poner aproximadamente 6 cucharadas de la masa de arroz en el centro de las hojas, dejando unos 2 ó 3 cm. sin cubrir en cada extremo. Enrollar las hojas, de tal manera que el relleno quede completamente cubierto (como una crepa). Doblar y atar cada extremo con las tiras de hoja de maíz. Repetir el procedimiento para los tamales restantes. Colocar los tamales en una vaporera y cocinar al vapor sobre agua hirviendo a fuego lento de 5 a 7 minutos. Servir con crema de ron.

En un tazón, combinar la yema de huevo con el azúcar y ponerla a un lado. En una cacerola, hervir la crema y el ron y agregar la 1/2 de esta mezcla al huevo con azúcar. Batiendo vigorosamente, poner la mezcla de crema restante de nuevo al fuego. Lentamente, verter la mezcla de huevo a la cacerola, batiendo vigorosamente hasta que esté bien mezclado. Cocinar hasta que la mezcla se adhiera al reverso de una cuchara. Colar y dejar enfriar.

Chipotle Brioche

6 oz. unsalted butter, cut into
  pieces
1 T. dry active yeast
2 T. lukewarm water (about 85°)
1 T. sugar
3 1/2 c. flour
5 eggs
1/2 t. salt
5 T. chipotle chile purée
1 egg
1 T. milk

Remove butter from refrigerator 1 hour before preparing dough. It should be pliable but not too soft. In the mixing bowl of an electric mixer, combine the yeast, water and sugar. Stir to dissolve and let stand about 5 minutes. Using the paddle attachment, gradually add 2 c. flour. Add 3 of the eggs and continue beating until smooth. Combine the salt and remaining flour and gradually add to the dough while beating. Add remaining eggs and the chile purée. Beat until combined, about 2 minutes. Replace the paddle attachment with the dough hook. With machine running, incorporate the butter, piece by piece. Beat until smooth and silky and dough pulls away from the sides of the bowl, about 5-7 minutes. Place dough in mixing bowl and cover with plastic wrap. Put the bowl in a warm place (72°-75° is ideal) and let it rise for about 45 minutes. It should rise to twice its original size. Punch it down and let it rest, covered, in the refrigerator overnight. The next day, remove from refrigerator and shape the dough to fit into baking mold of choice. Let rise in a warm place for 40 minutes. Preheat oven to 425°. When dough has risen, gently brush with glaze made by mixing egg with milk. Bake 15 minutes at 425°, then lower heat to 370° and bake 25 minutes longer. Bread should sound hollow when thumped. When cool, slice brioche and brush lightly with olive oil. On a sheet pan, toast in 350° oven for 2-3 minutes.

White Chocolate Rice Pudding Tamales

Serves 6

1/2 c. arborio rice
1 c. water
3 T. sugar
2 eggs, lightly beaten
1 c. heavy cream
1/4 c. milk
1/2 t. vanilla
1/2 t. cinnamon
1/4 t. nutmeg
1/4 c. golden raisins
1 T. rum
1/4 c. dried cherries
1 T. kirsch
3/4 c. white chocolate, grated
13 corn husks, soaked in water
  for at least 30 minutes

Rum Cream
Makes 1 cup
1 egg yolk
1/4 c. sugar
1 c. heavy cream
1 T. dark rum

Preheat oven to 300°. Soak raisins in rum. Soak cherries in kirsch. In a saucepan, cook the rice in the water and 2 T. sugar. When rice is cooked, spoon it into mixing bowl with all ingredients except chocolate and corn husks. Mix thoroughly. Pour mixture into a small baking pan and cover with foil. Bake for 20 minutes. Remove from oven, stir and let cool. Mix in grated white chocolate. Drain and pat dry the corn husks. Tear 6 1/4" strips from one of the husks; these will be used to tie up the tamales. Place 2 husks together with large ends overlapping by about 2". Spread about 6 T. of the rice pudding mixture down the middle of the corn husks, leaving 1" at each end uncovered. Roll corn husks so that filling is completely enclosed (as for a crêpe). Twist and tie each end with strips from corn husks. Repeat procedure for remaining tamales. Place tamales in steamer set over gently boiling water and steam for 5-7 minutes. Serve with rum cream.

In a mixing bowl, blend egg yolk and sugar together and set aside. In a saucepan, bring cream and rum to a boil and pour 1/2 of the mixture into the eggs and sugar. Beating vigorously, put the remaining cream mixture back on the heat. Slowly pour the egg mixture into the saucepan, whipping vigorously until incorporated. Cook until mixture smoothly coats the back of a spoon. Strain and cool.

Strings

Nacido en Dublín, Irlanda, Noel Cunningham comenzó su carrera a los 14 años, cocinando con su padre, quien era un chef de Dublín. A la edad de 24 años, era el "sous chef" mas jóven de la historia del famoso Savoy Hotel de Londres. En 1976 Noel se mudó a California donde trabajó como chef a cargo de todos los "Spectrum Foods", una compañía matriz de "Harry's" y muchos otros restaurantes notables de California. Mas tarde trabajó como chef de "Touch", un superclub exclusivo de Beverly Hills. En 1986, Noel abrió "Strings Restaurant", ahora considerado uno de los mejores restaurantes de Denver y el sitio "de moda" para los notables locales y las celebridades. Allí su "Cocina Casual y Contemporánea" deleita a sus huéspedes procurando algo para cada gusto individual. Tres años más tarde, abrió "240 Union" en Lakewood, y en 1991 abrió "Ciao! Baby" en el sureste de Denver. Conocido tanto por su apoyo a las caridades como por su excelente cocina, Noel es muy activo en "Share Our Strength", una organización nacional que ayuda a los hambrientos y a los destituidos.

Strings

Noel Cunningham – Strings
1700 Humboldt
Denver, Colorado
303-831-7310

Born in Dublin, Ireland, Noel Cunningham began his career at 14, cooking with his father, who was a chef in Dublin. At 24, he became the youngest person ever to become a sous chef at London's famous Savoy Hotel. In 1976 Noel moved to California where he worked as chef over all of Spectrum Foods, a company that owned Harry's and several other notable California restaurants. He later worked as chef at Touch, an exclusive Beverly Hills supper club. In 1986, Noel opened Strings Restaurant, now considered one of Denver's best restaurants and the "in" spot for local notable and celebrities. There his "Casual, Contemporary Cuisine" delights his guests catering to each individual's tastes. Three years later he opened 240 Union in Lakewood, and in 1991 opened Ciao! Baby in southeast Denver. Known as much for his charity involvement as his excellent cuisine, Noel is very active in Share Our Strength, a national organization that helps the hungry and homeless.

Tortellini de Tres Champiñones

Rinde 4 porciones

Relleno:
1 onza de mantequilla
3 onzas de champiñones shiitake
3 onzas de champiñones
    portabello
3 onzas de champiñones crimini
2 dientes de ajo asados (receta en
    sección de Básicos)
1 cucharadita de chalotes picados
1 cucharadita de perejil picado
sal y pimienta, al gusto
3 onzas de espinaca cocida y
    picada
1 onza de Parmesano Reggiano
6 hojas de albahaca picadas

Pasta:
8 onzas de harina
8 onzas de sémola
2 huevos
2 onzas de vino blanco
sal y pimienta, al gusto
nuez moscada

Adorno:
2 onzas de aceite de olivo
1 cucharada de ajo asado (receta
    en sección de Básicos)
jitomates rojos y amarillos,
    pelados, picados y sin semillas
2 onzas de queso parmesano
    Reggiano
8 hojas de albahaca

Saltear ligeramente los champiñones en mantequilla. Agregar ajo, chalotes, perejil, sal y pimienta. Cuando se enfríe, agregar las espinacas cocidas y picadas, el queso parmesano y la albahaca. Poner a un lado.

Combinar todos los ingredientes. Hacer una bola y cubrir con una toalla húmeda. Dejar reposar una hora. Dividir la pasta en 4 piezas iguales. Amasar la pasta con un rodillo, hasta que quede lisa y en forma de cuadrado y pueda ser introducida fácilmente a la máquina de pasta en el número mayor. Continuamente pasar la pasta por la máquina, disminuyendo un número a la vez. Cortar en una pieza de 24 pulgadas de largo. Bañar con huevo la parte superior de la hoja de pasta. Colocar 1 onza de la mezcla, sobre la pasta, espaciando a 8 cm. de distancia. Doblar la hoja de pasta sobre los huevos y cortar con rueda especial para cortar ravioli. Cocinar los "tortellini" en agua hirviendo a fuego lento de 3 a 4 minutos.

Calentar el aceite de olivo en un sartén y agregar el ajo asado. Saltear 30 segundos. Agregar los jitomates picados hasta que estén un poco calientes. Agregar la pasta y la mitad de la albahaca. Dividir en cuatro platos. Rociar con queso parmesano Reggiano rallado y adornar con hojas de albahaca.

Three Mushroom Tortellini

Serves 4

Filling
1 oz. butter
3 oz. shiitake mushrooms
3 oz. portabello mushrooms
3 oz. crimini mushrooms
2 cloves roasted garlic, recipe in
  Basics section
1 t. shallots, chopped
1 t. parsley, chopped
salt and pepper to taste
3 oz. cooked spinach, diced
1 oz. Parmigiano Reggiano
6 basil leaves, chopped

Pasta
8 oz. flour
8 oz. semolina
2 eggs
2 oz. white wine
salt and pepper to taste
nutmeg

Garnish
2 oz. olive oil
1T. roasted garlic, recipe in Basics
  section
red and yellow beefsteak
  tomatoes, peeled, seeded and
  diced
2 oz. Parmigiano Reggiano
8 basil leaves

Sauté mushrooms in butter, add garlic, shallot, parsley, salt and pepper. When cool, add cooked diced spinach, Parmigiano and basil. Set aside.

Combine all ingredients. Roll into a ball and cover with a damp cloth and allow to rest 1 hour. Divide pasta into 4 equal pieces. Roll the pasta into a neat square with a rolling pin so it can easily fit into the highest number of the pasta machine. Continuously pass the pasta through the machine reducing by one number at a time. Cut into 24" in length. Egg wash the top half sheet of pasta. Place 1 oz. mixture at 3" spaces. Fold over and seal the eggs, cut with ravioli wheel into shape. Cook tortellinis in gently boiling water for 3-4 minutes.

Warm olive oil in sauté pan, add roasted garlic. Sauté 30 seconds. Add diced tomatoes until warm. Add pasta and half the basil. Divide into 4 plates. Sprinkle with shaved Parmigiano Reggiano and garnish with basil leaves.

Lomo de Alce de Colorado a la Parrilla

Rinde 4 porciones

20 onzas de lomo de alce
1 onza de pimienta entera negra y
  blanca, triturada

Picadillo de Papas:
2 papas russet grandes, picadas
2 camotes grandes, picados
2 onzas de mantequilla clarificada
  (receta en sección de Básicos)
1 cucharadita de cebollín, picado
1 cucharadita de perejil picado

Remojo:
1 onza de aceite de oliva
1 zanahoria picada
1 tallo de apio picado
1/2 cebolla picada
1/2 puerro picado
2 ramitas de tomillo
1 diente de ajo machacado
2 ramitas de perejil
1 hoja de laurel
1 taza de vino blanco

Salsa:
3 onzas de mantequilla
1 cucharada de chalotes picados
2 onzas de champiñones
  rebanados
6 bolitas de pimienta entera negra,
  trituradas
6 bolitas de pimienta entera blanca,
  trituradas
una pizca de tomillo fresco
1 taza de Merlot
1/4 de taza de crema
2 1/2 tazas de caldo de ternera,
  espeso
2 cucharadas de cerezas secas

12 piezas de zanahorias pequeñas,
  pasadas por agua hirviendo
12 piezas de nabos tiernos pasados,
  por agua hirviendo
1/2 libra de habichuelas, pasadas
  por agua hirviendo
sal y pimienta, al gusto

Poner las papas y los camotes en agua hirviendo de 3 a 4 minutos. Refrescar con agua fría. Escurrir y secar con toallas de papel. Freir en 2 onzas de mantequilla clarificada, hasta que estén suaves. Agregar cebollín y perejil. Mantener caliente.

Saltear los vegetales picados en aceite de olivo, hasta que se ablanden. Agregar el ajo machacado, el tomillo, el perejil y la hoja de laurel. Saltear un minuto más. Agregar el vino y romper hervor. Quitar del fuego y dejar que se enfríe. Colocar la carne de alce en el remojo durante 30 minutos. Sacarlo del remojo y secarlo. Cubrir la carne con la pimienta triturada y asar en la parrilla, hasta que quede apenas cocida, de 5 a 7 minutos por cada lado.

Saltear los chalotes, los champiñones, el tomillo y las bolitas de pimienta entera en una onza de mantequilla, hasta que se ablanden. Agregar vino y reducir a la mitad, hirviendo a fuego lento. Agregar la crema y hervir a fuego lento 2 minutos. Agregar el caldo de ternera y reducir a la mitad. Colar el líquido a través de una coladera fina y agregar la mantequilla restante, batiéndola con batidor de alambre para incorporarla a la salsa. Añadir cerezas y reservar, manteniéndo la salsa caliente.

Para Servir:

Calentar las verduras sazonadas. Dividir el picadillo de papa en cuatro platos. Rebanar la carne de alce y dividirla en 4 platos, arreglando la carne en forma de abanico. Rodear el plato con las verduras. Colocar la salsa sobre la carne.

Charbroiled Elk with Potato Hash

Serves 4

20 oz. loin of elk
1 oz. white and black
   peppercorns, crushed

Potato Hash
2 large russet potatoes, diced
2 large sweet potatoes, diced
2 oz. clarified butter, recipe in
   Basics section
1 t. chives, chopped
1 t. parsley, chopped

Marinade
1 oz. olive oil
1 carrot, chopped
1 celery stalk, chopped
1/2 onion, chopped
1/2 leek, chopped
2 sprigs thyme
1 clove garlic, crushed
2 sprigs parsley
1 bay leaf
1 c. white wine

Sauce
3 oz. butter
1 T. shallots, chopped
2 oz. sliced mushrooms
6 black peppercorns, crushed
6 white peppercorns, crushed
pinch of fresh thyme
1 c. Merlot
1/4 c. cream
2 1/2 c. rich veal stock
2 T. dried cherries

12 pieces baby carrots, blanched
12 pieces baby turnips, blanched
1/2 lb. haricot vert, blanched
salt and pepper to taste

Blanch russet and sweet potatoes in boiling water for 3-4 minutes. Refresh with cold water. Drain and dry with paper towels. Sauté in 2 oz. clarified butter until tender. Add chives and parsley. Keep warm.

Sauté chopped vegetables in olive oil until limp. Add crushed garlic, thyme, parsley and bay leaf. Sauté one minute more. Add wine and bring to a boil. Remove from heat and let cool. Place elk in marinade for 30 minutes. Remove elk and pat dry. Cover elk with crushed peppercorns and grill until rare, about 5-7 minutes each side.

Sauté shallots, mushrooms, thyme and peppercorns in 1 oz. butter until limp. Add wine and reduce by half, simmering. Add cream and simmer for 2 minutes. Add veal stock and reduce by half. Strain liquid through fine strainer and whisk remaining butter into sauce. Add cherries and reserve, keeping warm.

To serve:

Warm seasoned vegetables. Divide potato hash onto 4 plates. Slice the elk and divide onto 4 plates, arranging meat in a fan shape. Surround the plate with the vegetables. Place sauce over meat.

Trufas de Chocolate con Grand Marnier

2 libras de chocolate semiamargo
3/4 de taza de crema
3 onzas de mantequilla
1/2 taza de Grand Marnier
cacao en polvo

Partir 1 libra del chocolate y calentar en baño María sobre agua caliente, no hirviendo.   Derretir la mantequilla con la crema.   Verter en el chocolate. Mezclar para derretir. Agregar el Grand Marnier. Verter en un molde no muy hondo y refrigerar de 30 a 40 minutos, hasta que cuaje apenas.   Formar bolas, con una cuchara especial para hacer bolas de melón. Refrigerar.

Derretir la libra de chocolate restante, en baño María.

Sumergir las bolas de chocolate refrigeradas, en el chocolate derretido.   Rodar las bolas en cacao. Refrigerar, hasta que estén listas para servir.

Chocolate Grand Marnier Truffles

2 lb. bittersweet chocolate
3/4 c. cream
3 oz. butter
1/2 c. Grand Marnier
unsweetened cocoa

Chop 1 lb. chocolate and heat in double boiler over hot, not boiling water. Melt butter with cream. Pour into chocolate. Stir to melt. Add Grand Marnier. Pour into shallow pan and chill 30-40 minutes, until just firm. Scoop balls with melon baller. Chill.

Melt remaining one pound of chocolate in double boiler.

Dip chilled balls in melted chocolate. Roll in unsweetened cocoa. Chill until ready to serve.

Sweet Basil

Fué el mosco del esquí lo que originalmente le picó a Thomas para atraerlo a Vail en 1980. Él esquiaba de día y trabajaba de noche, cocinando en los mejores establecimientos de Vail. Trabajar con la comida capturaba su imaginación y despertó su interés en el negocio de los restaurantes. Esto lo inspiró a seguir una educación formal culinaria. Asistió a la Academia Culinaria de California, luego cocinó en los restaurantes mas finos de San Francisco donde fué influenciado por la revolución gastronómica de California, cambiando la cocina americana para siempre. Para un entendimiento mejor, viajó a Francia para estudiar en los mejores restaurantes durante un año, luego regresó a California para ser el sous chef ejecutivo de "Postrio". Ansioso de regresar a las montañas, regresó a "Sweet Basil" en Vail. Aquí sirve un increíble desfile de platillos con toques asiáticos, italianos e internacionales con una mano ligera, y con sabor y presentación maravillosos. Thomas, con o sin la ayuda de los ascensores de esquí de Vail, está ansioso por llevar su cocina a nuevas alturas.

Sweet Basil

Thomas Salamunovich – Sweet Basil
193 Gore Creek Drive
Vail, Colorado
303-476-0125

It was the ski bug which originally attracted Thomas to Vail in 1980. He skied by day and worked nights, cooking in Vail's high end establishments. Working with food captured his imagination and sparked his interest in the restaurant business which inspired him to seek formal education and culinary training. He attended the California Culinary Academy, then cooked in San Francisco's finest where he was influenced by the gastronomic revolution in California, changing American cuisine forever. For more understanding, he went to France and studied in top restaurants for a year, then returned to California and became executive sous chef at Postrio. Anxious to get back to the mountains, he returned to Sweet Basil in Vail. Here he serves an incredible array of dishes with Asian, Italian and international touches with a light hand, wonderful flavor and presentation. Thomas, with or without the help of Vail's ski lifts, looks forward to taking his cuisine to new heights.

Camarones Fritos Tempura

Rinde 8 porciones

Rollos Orientales:
4 huevos
8 hojas para rollos orientales
(papel de arroz)*
1/4 de taza de raíz "daikon", en
tiritas finas
1/4 de taza de zanahorias, en tiri-
tas finas
1/4 de taza de pimiento rojo, en
tiritas finas
1/4 de taza de puerro, en tiritas
finas
1/4 de taza de germen de frijol
1 cucharada de pasta wasabi*
1 clara de huevo

Salsa para "dip":
1/4 de taza de azúcar
1/2 taza de salsa de pescado*
1 cucharada de pasta de chile
sambal*
1/2 taza de mirin (vino de arroz)
1/2 taza de jugo de naranja
1/8 de taza de jugo de limón
1 cucharada de salsa de soya

Batido:
2 tazas de harina
1 1/2 onzas de polvo de hornear
3 tazas de agua
1/2 libra de hojuelas "bonito"*

Aceite para freir:
24 camarones grandes, con cola,
pelados y desvenados
8 ramitas de cilantro, para
adornar
1 paquete de brotes dakon*

*Disponible en mercados asiáticos

Batir los huevos enteros y hacer una tortilla de huevo. Cortar en 8 tiras y enfriar. Extender una hoja para rollos orientales y untar con pasta wasabi. Colocar una tira de huevo y las verduras en tiritas, a lo largo en el centro. Enrollar bien apretado, usando clara de huevo para sellar la orilla. Repetir con las demás hojas y poner los rollos a un lado.

Calentar el azúcar y 1 una cucharada del jugo de naranja en un sartén pequeño hasta que se haga caramelo. Agregar el resto de los ingredientes. Batir con batidor de alambre y poner a un lado.

Combinar harina, polvo de hornear y agua. Batir hasta que quede suave. Reservar con las hojuelas "bonito" a un lado.

Calentar el aceite para freir, a 360° F. Colgar cada camarón por la cola y sumergirlo en el batido, hasta la cola. Rodarlos en hojuelas "bonito" y freir hasta que estén doraditos. Preparar los rollos orientales de la misma manera. Poner los camarones a un lado y mantenerlos calientes. Rebanar los rollos a un ángulo de 45° y colocar en un plato con una pieza sobre la otra. Acomodar 3 camarones en cada plato, con las colas entrelazadas. Incluir un tarrito de la salsa en cada plato. Colocar ramitas de cilantro sobre los rollos y esparcer brotes de daikon sobre el plato. Servir.

Tempura Fried Shrimp

Serves 8

Spring Rolls
4 eggs
8 spring roll sheets (rice paper)*
1/4 c. daikon root, julienned
    finely
1/4 c. carrot, julienned finely
1/4 c. red pepper, julienned finely
1/4 c. leek, julienned finely
1/4 c. bean sprouts
1 T. wasabi paste*
1 egg white

Dipping Sauce
1/4 c. sugar
1/2 c. fish sauce*
1 T. sambal chili paste*
1/2 c. mirin (rice wine)
1/2 c. orange juice
1/8 c. lime juice
1 T. soy sauce

Batter
2 c. flour
1 1/2 oz. baking powder
3 c. water
1/2 lb. bonito flakes*

Oil for deep-frying
24 large shrimp, tail on, peeled
    and de-veined
8 sprigs cilantro for garnish
1 pkg. daikon sprouts*

*available at Asian markets

Whisk whole eggs and make an omelet. Cut into 8 strips and cool. Lay spring roll wrapper down and rub with wasabi paste and place omelet and julienned vegetables lengthwise in center. Roll wrapper very tightly, using egg white to seal the edge. Repeat with remaining rolls and reserve.

Heat the sugar and 1 T. orange juice in a small sauté pan until a caramel is formed. Add remaining ingredients. Whisk and reserve.

Combine flour, baking powder and water. Whisk until smooth. Reserve with bonito flakes on the side.

Heat deep-frying oil to 360°. Hold each shrimp by the tail and dip in batter up to the tail. Roll in bonito flakes and fry until golden brown. Prepare spring rolls in the same manner. Reserve shrimp and keep warm. Slice the spring rolls on the bias and place on a plate with one piece on top of the other. Arrange 3 shrimp on each plate, interlocking the tails. Include a small bowl of dipping sauce on each plate. Lay cilantro sprigs over the rolls and scatter daikon sprouts around the plate. Serve.

Sandwich de Falafel Abierto

Rinde 8 porciones

Masa para Pizza:
1 1/2 tazas de harina
1/2 cucharadita de sal
1/2 cucharada de miel
1 cucharada de aceite de olivo
1/2 taza de agua fría
1/2 paquete de levadura seca
1/8 de taza de agua tibia
1/2 cucharadita de hojuelas de chile
2 cebollitas de Cambray, finamente
    rebanadas
1/2 cucharada de semillas de ajonjolí
    blancas

Falafel:
1/8 de taza de aceite para freir
2 dientes de ajo, picados
2 tazas de apio, finamente picado
2 tazas de zanahoria, finamente
    picada
2 tazas de cebolla, finamente picada
1/2 cucharada de polvo de curri
    Madrás
1/8 de cucharadita de pimienta
    cayenne
3 tazas de garbanzos cocidos
1/4 de taza de tahini
2 cucharadas de cilantro
2 cucharadas de menta
1 huevo
1/4 de taza de pan molido
1/2 taza de harina de garbanzo
aceite para freir
2 corazones de lechuga romana,
    "chiffonade" (picada superfina)

Salsa:
1 taza de yoghurt
jugo de un limón amarillo
1 cucharada de tahini
1/2 cucharadita de semilla de comino
    tostada y molida
Combinar todos los ingredientes,
    mezclando bien y ajustando la
    sazón.

4 tazas de couscous cocinado, con
    azafrán
4 jitomates maduros, cortados en
    gajos pequeños
1 pepino inglés, finamente rebanado
    a la diagonal
4 onzas de vinagreta de vino tinto
    con ajo

Disolver la levadura en agua tibia y dejar reposar 10 minutos. Combinar sal, miel, aceite de olivo y agua fría. Mezclar la harina en la mezcla de agua tibia y levadura, e incorporar la mezcla de miel. Amasar a mano hasta que quede suave y brillosa (unos 10 ó 15 minutos). Dividir en 8 partes iguales y dejar que se eleve en un ambiente cálido por 1 hora. Amasar cada bola por separado, hasta que quede hecha un círculo bien delgado. Cepillar con aceite y rociar con semillas de ajonjolí, cebollitas y hojuelas de chile. Hornear en un horno caliente, hasta que se inflen. Sacar y cortar en cuartos. Devolver al horno y cocinar hasta que estén doraditas como galletas. Poner a un lado.

Saltear las verduras en un poco del aceite, hasta que estén suaves. Agregar el ajo y las especias. Saltear un poco más, agregando 2 cucharadas de agua fría y continuar cocinando hasta que se evapore el agua. Refrigerar. En la procesadora hacer puré de los garbanzos. Colocar el puré en un tazón grande y combinar con los demás ingredientes, incluyendo las verduras fritas. Ajustar la sazón. Formar 32 bolitas de 1 onza cada una y moldearlas en forma de gajos de 1 cm. de ancho. Reservar aparte.

Calentar el aceite a 360° F. Espolvorear el falafel con harina de garbanzo y freir hasta que esté doradito. Escurrir en toallas de papel y mantener caliente. Mientras se cocinan los falafeles, apilar couscous en el centro de cada plato, aproximadamente 8 x 2 cm. Mezclar el jitomate y el pepino con una cantidad generosa de vinagreta. Sazonar y acomodar sobre el couscous. Colocar 4 gajos de jitomate, alrededor de la ensalada. Mezclar la lechuga romana picada "chiffonade" con la vinagreta restante y dividir por partes iguales en cada pieza triangular de pizza. Colocar el falafel arriba de cada triángulo y gotear con salsa de yoghurt. Servir.

Open-Faced Falafel Sandwich

Serves 8

Pizza Dough
1 1/2 c. flour
1/2 t. salt
1/2 T. honey
1 T. olive oil
1/2 c. cold water
1/2 pkg. dry yeast
1/8 c. warm water
1/2 t. chili flakes
2 scallions, thinly sliced
1/2 T. white sesame seeds

Falafel
1/8 c. oil for sautéing
2 cloves garlic, chopped
2 c. celery, finely diced
2 c. carrot, finely diced
2 c. onion, finely diced
1/2 T. Madras curry powder
1/8 t. cayenne pepper
3 c. cooked chick peas
1/4 c. tahini
2 T. cilantro
2 T. mint
1 egg
1/4 c. breadcrumbs
1/2 c. chick pea flour
oil for deep frying
2 hearts of romaine, chiffonade

Sauce
1 c. yogurt
juice of 1 lemon
1 T. tahini
1/2 t. cumin seed, toasted and
    ground
*Combine all ingredients, mixing
    well and adjust seasoning.*

4 c. cooked couscous with saffron
4 ripe tomatoes, cut into small
    wedges
1 English cucumber, sliced thinly
    on the bias
4 oz. red wine vinaigrette with garlic

Dissolve yeast into warm water and let sit 10 minutes. Combine salt, honey, olive oil and cold water. Mix flour into warm water, yeast mixture and incorporate honey mixture. Knead by hand until smooth and glossy (roughly 10-15 minutes). Divide into 8 equal pieces and proof in a warm environment for 1 hour. Roll individual pieces into paper-thin rounds. Brush with oil and sprinkle sesame seeds, scallions and chili flakes on top. Bake in hot oven until set-up. Remove and cut into four wedges. Return to oven and cook until golden and cracker-like. Reserve.

Sauté the vegetables in a little oil until soft. Add the garlic and spices. Sauté a moment longer, add 2 T. cold water and continue cooking until water evaporates. Chill. In a food processor, purée the chick peas. Place purée into a large mixing bowl and combine with all other ingredients, including the sautéed vegetables. Adjust seasoning. Form into 32 1 oz. balls and shape into 1/2" thick wedges. Reserve.

Heat deep frying oil to 360°. Dust falafel with chick pea flour and deep fry until golden and crispy. Drain on paper towel and keep warm. While the falafels are cooking, mound couscous on the middle of each plate, about 3" x 3/4". Mix the tomato and cucumber with a generous amount of vinaigrette. Season and arrange on top of couscous. Place 4 tomato wedges around the salad. Toss romaine chiffonade with remaining vinaigrette and divide equally on each pizza wedge. Place falafel on top of each wedge and drizzle with yogurt sauce. Serve.

Salmón Salamunovich

Rinde 8 porciones

8 filetes de salmón de 6 onzas
  cada uno
2 calabacitas, sin semillas y
  cortadas en tiritas
2 calabazas amarillas, sin semillas
  y cortadas en tirirtas
2 jitomates, pelados, sin semillas
  y finamente picados
2 libras de chícharos "sugar snap"
8 onzas de mantequilla
  suavizada
1 endibia belga, cortada en tiritas
8 flores comestibles (los pétalos
  solamente)
2 ramitas de hinojo
8 ramitas de perifolio
8 cebollines, cortados a 1cm. de
  largo

Crepa:
1 taza de harina
1/4 de cucharadita de sal
2/3 de taza de leche
2/3 de taza de agua fría
3 huevos
6 cucharadas de mantequilla,
  derretida
1 cebolla, finamente picada

Vinagreta:
3 onzas de aceite de oliva
1 onza de aceite de oliva extra
  virgen
2 onzas de vinagre de champaña
1/2 cucharadita de mostaza Dijon
sal y pimienta, al gusto

Crepas:
En un sartén, saltear la cebolla picada en mantequilla sobre fuego medio, hasta que se suavice. Poner a un lado. Mezclar la harina y la sal. Combinar la leche, el agua y los huevos. Agregar la mezcla líquida a los ingredientes secos, no mezclando de más. Agregar la mezcla de cebolla y mantequilla y dejar reposar 1/2 hora. Hacer 7 crepas de 8 pulgadas de diámetro y mantenerlas calientes.

Vinagreta:
Colocar la mostaza Dijon en un plato hondo pequeño. Agregar vinagre, sal, pimienta y aceite, batiendo con batidor de alambre. Reservar.

Jugo de Chícharos "Sugar Snap":
Hacer jugo de los chícharos "sugar snap" en un extractor y colar. Desechar todo menos el jugo. Calentar el jugo en una cazuela. Agregar la mantequilla suave, sazonar al gusto y mantener caliente.

Calentar dos sartenes grandes, agregar aceite y cocinar los filetes de salmón de un lado. Voltear el pescado y colocar los sartenes en el horno a 400° F y continuar cocinándolos hasta que estén a término medio. Mientras se cocina el salmón, calentar otro sartén y saltear rápidamente las calabacitas, calabazas y jitomates. Cubrir la base de un plato con el jugo de los chícharos. Esparcer las verduras en tiritas en el plato y cubrir con el filete de salmón en el centro. Hacer un corte de 5 cm. en el salmón, a lo largo. Doblar la crepa en forma de flor y colocar la punta en el corte. Ligeramente, sazonar las hierbas, flores y endibias con la vinagreta y acomodar en el centro de la crepa. Repetir para cada plato y servir.

Salmon Salamunovich

Serves 8

8 6 oz. pieces salmon filet
2 zucchini, seeded and julienned
2 yellow squash, seeded and
 julienned
2 tomatoes, peeled, seeded and
 finely diced
2 lb. sugar snap peas
8 oz. butter, softened
1 Belgian endive, julienned
8 edible flowers, pick petals
2 fennel tops, sprigs only
8 sprigs chervil
8 chives, cut 1/4" long

Crêpe
1 c. all-purpose flour
1/4 t. salt
2/3 c, milk
2/3 c. cold water
3 eggs
6 T. butter, melted
1 onion, finely diced

Vinaigrette
3 oz. olive oil
1 oz. extra virgin olive oil
2 oz. champagne vinegar
1/2 t. Dijon mustard
salt and pepper to taste

Crêpes:

In a sauté pan, sauté the diced onion in the butter over medium heat until soft. Set aside. Mix flour and salt together. Combine milk, water and egg together. Add the liquid mixture to the dry ingredients, do not over-mix. Add the onion and butter mixture and let rest 1/2 hour. Make 8 7" diameter crêpes and hold warm.

Vinaigrette:

Place Dijon in a small bowl. Add vinegar, salt and pepper and whisk in oil. Reserve.

Sugar Snap Pea Jus:

Juice the sugar snap peas in a juicer and strain. Discard everything but the juice. Heat the juice in a saucepan. Add softened butter, season to taste and keep warm.

Heat two large sauté pans, add oil and cook salmon filets on one side. Turn fish and place pans in oven at 400° and finish cooking salmon to medium. While salmon is cooking, heat another pan and quickly sauté the zucchini, squash and tomato. On a plate spoon the snap pea jus to cover. Scatter julienned vegetables around and place cooked salmon in the middle. Make a 2" incision in the salmon lengthwise. Fold the crepe into a flower and place the point into the incision. Lightly dress the herbs, flowers and endive with the vinaigrette and arrange in the center of the crepe. Repeat for each plate and serve.

Tango

eter nació en Munich, Alemania, donde obtuvo su título de chef en "The Hotel and Restaurant School" soñando en tener su propio restaurante. Entrenado en cocinas clásicas francesa, nouvelle, italiana, oriental y americana, tuvo la oportunidad de cocinar en Alemania, como chef privado en Las Bahamas, y de chef en un yate privado, finalmente anclando en Ft. Lauderdale, y convirtiéndose en americano en estilo y en espíritu. Estuvo a cargo de cocinas en Florida, Dallas y posteriormente llegó a Denver, primero demostrando su estilo del suroeste, y luego haciéndose socio de "O Sole Mio" que ofrece cocina del norte de Italia. "Tango" es su nuevo restaurante con un menú que cubre el mundo, desde el Oriente hasta Alemania; Italia hasta el suroeste. El sueño de Peter se ha realizado.

Tango

Peter St. John – Tango
560 S. Holly
Denver, Colorado
303-377-7970

Peter was born in Munich, Germany where he earned his chef's degree in The Hotel and Restaurant School dreaming of his own restaurant. Trained in classic French, nouvelle, Italian, Oriental and American cuisine, he had the opportunity to cook in Germany, as a private chef in the Bahamas, and a chef on a private yacht, finally landing in Ft. Lauderdale and becoming American in style and spirit. He headed kitchens in Florida, Dallas and eventually arrived in Denver, first showing off his southwestern style, then becoming a partner in O Sole Mio which featured the cuisine of northern Italy. Tango is his new restaurant with a menu covering the world, from the Orient to Germany, Italy to the southwest. Peter's dream has come true.

Sopa de Berenjena Asada

Rinde 6 porciones

1 berenjena grande (1 libra)
1/2 taza de aceite de olivo
sal y pimienta, al gusto
1 taza de cebolla picada
1/2 taza de zanahorias picadas
1/2 taza de apio, picado
4 dientes de ajo, pelados y picados
2 cucharadas de jugo de limón
    amarillo
3 tazas de caldo de pollo
1 cucharada de orégano fresco,
    picado
1 cucharada de romero fresco,
    picado

Crostini Parmesano:
12 rebanadas delgadas de baguette
    duro, cepillado con aceite de
    olivo

Partir la berenjena a la mitad a lo largo, cepillar con aceite de olivo, sazonar con sal y pimienta, y asar en el horno a 400° F, hasta que estén doradas y suaves. Mientras tanto, calentar una olla grande (de 4 litros) con el aceite de olivo restante, y calentar las verduras y el ajo, hasta que estén fragantes. Agregar el caldo de pollo y jugo de limón amarillo. Separar la pulpa de la berenjena de la cáscara y agregarla a la sopa. Hervir a fuego lento durante 10 minutos; luego, agregar las hierbas frescas. Hacerlo puré en la licuadora y colar. Servir con crostini parmesano y aceite de olivo.

Cubrir las rebanadas de baguette con queso parmesano y hornear a 300° F, hasta que estén doraditas.

Camarones Tailandeses Tango

Rinde 4 porciones

24 camarones (de 21 a 25 por
    libra), pelados y desvenados
salsa de cacahuate (maní)
    tailandés, para remojar*
aceite para freir
1 cucharadita de hojas de chile tai-
    landés
1 cucharadita de ajo picado
1 cucharadita de jengibre picado
1 cucharadita de salsa de
    pescado*
2 cucharaditas de jugo de limón
2 cucharaditas de azúcar
2 tazas de brotes germinados de fri-
    jol
1/2 taza de champiñones negros
    fungus, reconstituídos
*disponibles en mercados
    asiáticos

Salsa de Cacahuate y Curri:
1 taza de cacahuates (maní), tosta-
    dos
2 tazas de caldo de camarón

Remojar los camarones en la salsa de cacahuate tailandésa. Freir los camarones en un sartén bien caliente o en "wok" hasta que estén dorados. Agregar las hojuelas de chile tailandésas, el ajo y el jengibre, y cocinar durante 10 segundos. Agregar la salsa de pescado y el jugo de limón. Agregar azúcar y cocinar hasta que el líquido se haya evaporado y los camarones estén listos. Mezclar con los brotes germinados de frijol y los champiñones negros. Servir con arroz de jazmín al vapor y salsa de cacahuate y curri.

3 cucharaditas de salsa de pescado*
3 cucharaditas de pasta de curri roja tailandesa
3 cucharaditas de azúcar
2 cucharaditas de jengibre rallado
3 cucharaditas de jugo de limón
2 tomates roma picados
*disponible en mercados asiáticos
Combinar los ingredientes de la salsa y hervir durante un min-
    uto. Licuar.

Roasted Eggplant Soup

Serves 6

1 large eggplant (1 lb.)
1/2 c. olive oil
salt and pepper, to taste
1 c. onion, diced
1/2 c. carrots, diced
1/2 c. celery, diced
4 cloves garlic, peeled , chopped
2 T. lemon juice
3 c. chicken stock
1 T. fresh oregano, chopped
1 T. fresh rosemary, chopped

Parmesan Crostini
12 thin slices stale
   baguette brushed with olive oil

Slice eggplant in half lengthwise, brush with some olive oil, season with salt and pepper and roast in a 400° oven until golden brown and tender. Meanwhile, heat a 4 quart saucepan with remaining olive oil and sweat all the vegetables and garlic until fragrant. Add chicken stock and lemon juice. Remove the pulp of the eggplant from the skin and add to the soup. Simmer the soup for 10 minutes, then add the fresh herbs. Purée in blender and strain. Serve with parmesan crostini and olive oil.

Top baguette with parmesan and bake at 300° until golden brown.

Tango's Thai Shrimp

Serves 4

24 shrimp, 21/25 per lb.,
   peeled and deveined
Thai peanut sauce, to marinate*
oil for sautéing
1 t. Thai chili flakes
1 t. garlic, chopped
1 t. ginger, chopped
1 t. fish sauce*
2 t. lime juice
2 t. sugar
2 c. fresh bean sprouts
1/2 c. black fungus mushrooms,
   reconstituted
*available in Asian markets

Peanut Curry Sauce
1 c. roasted peanuts
2 c. shrimp stock
3 t. fish sauce*
3 t. Thai red curry paste*

Marinate shrimp in Thai peanut sauce. Stir fry shrimp in a very hot sauté pan or wok until caramelized. Add Thai chili flakes, garlic and ginger and cook for 10 seconds. De-glaze the pan with fish sauce and lime juice. Add sugar and cook until liquid has evaporated and shrimp are done. Toss with bean sprouts and black mushrooms. Serve with steamed jasmine rice and peanut curry sauce.

3 t. sugar
2 t. ginger, grated
3 t. lime juice
2 roma tomatoes, chopped
*available in Asian markets
Combine sauce ingredients and boil for 1 minute then blend.

Champiñón Portabella Remojado a la Parrilla

Rinde 4 porciones

**4 champiñones portabella
  medianos**
**1/2 taza de jugo de limón
  amarillo**
1/2 taza de aceite puro de olivo
**5 dientes de ajo, pasados por
  agua hirviendo y cortados en
  cuartos**
sal y pimienta

Miel de Remolacha:
**1 taza de jugo fresco de
  remolacha, hecho con 1 libra de
  remolacha**
2 cucharadas de azúcar
**2 cucharadas de jugo de limón
  amarillo**
una pizca de canela en polvo
**una pizca de pimienta dulce
  molida**

Queso de Cabra:
**4 onzas de queso de cabra
  Montrachet**
2 onzas de crema espesa
2 onzas de crema agria

Polenta:
**8 onzas de polenta instantánea
  (harina de maíz gruesa)**
**4 tazas de caldo de pollo o de
  verduras**
4 onzas de mantequilla sin sal
**1/2 taza de parmesano Reggiano,
  rallado**

Galleta de Polenta Opcional:
1 taza de polenta cocida
1/2 taza de harina

Hacer 5 cortes en cada champiñón e insertar una pieza de ajo pasado por agua. Sazonar los champiñones, y verter aceite de olivo y jugo de limón amarillo sobre ellos. Calentar la parrilla.

Combinar todos los ingredientes para la miel de remolacha en una cazuela y reducir a 2/3. Mantener caliente esta mezcla.

Combinar todos los ingredientes para el queso de cabra en una cazuela pequeña, mezclando bien y calentar despacio a fuego lento. No hervir. Mantener caliente esta mezcla.

Hervir el caldo, agregar la harina de maíz y cocinar, moviendo la polenta durante 2 minutos. Agregar la mantequilla y el queso parmesano, y cubrir con papel pergamino, engrasado con mantequilla.

Combinar la harina y la polenta y esparcer sobre una charola de hornear lo más delgado posible. Hornear a 350° F, 5 minutos. Cortar en formas de su gusto y hornear de nuevo, hasta que estén doraditas y secas.

Para Servir:

Asar los champiñones, hasta que estén cocidos por ambos lados, aproximadamente 3 minutos de cada lado. Cepillarlos con el remojo restante mientras se asan. Quitarlos de la parrilla y cubrirlos, para que los jugos se asienten antes de rebanar cada champiñón, y colocarlo en forma de abanico sobre la polenta. Gotear con la miel de remolacha y el queso de cabra. Rociar con cebolleta.

Marinated Grilled Portabella Mushroom

Serves 4

4 medium portabella mushrooms,
1/2 c. lemon juice
1/2 c. pure olive oil
5 cloves garlic, blanched and cut
    into 1/4's
salt and pepper

Beetroot Syrup
1 c. fresh beet juice, made from
    1 lb. beets
2 T. sugar
2 T. lemon juice
pinch of ground cinnamon
pinch of ground allspice

Goat Cheese
4 oz, Montrachet goat cheese
2 oz. heavy cream
2 oz. sour cream

Polenta
8 oz. instant polenta (coarse
    cornmeal)
4 c. chicken or vegetable stock
4 oz. unsalted butter
1/2 c. Reggiano parmesan, grated

Optional Polenta Cracker
1 c. cooked polenta
1/2 c. flour

Make 5 incisions in each mushroom and insert blanched garlic. Season mushrooms and pour olive oil and lemon juice over them. Preheat grill.

Combine all Beetroot Syrup ingredients in a saucepan and reduce by 2/3. Keep warm

Combine all Goat Cheese ingredients in a small saucepan, mixing well and heat slowly over low heat. Do not boil. Keep warm.

Bring stock to a boil, add cornmeal and stir cooking the polenta for 2 minutes. Mix in butter and parmesan and cover with buttered parchment paper.

Combine flour and polenta and spread on a sheet pan as thin as possible. Bake at 350° for 5 minutes. Cut into desired shape and bake again until crisp and dry.

To Serve:

Grill the mushrooms until done on both sides, about 3 minutes on each side. Brush the mushrooms with the leftover marinade while grilling. Take the mushrooms off the grill and cover them to let the juices settle before you slice and fan each mushroom onto the polenta. Drizzle with beet syrup and goat cheese. Sprinkle with chives.

Tante Louise

Michael, un nativo de Colorado, recibió su título universitario en ciencias políticas con especialidad en filosofía. Mientras cursaba sus estudios, descubrió las recompensas de trabajar en restaurantes. Bajo la tutela de varios de los chefs principales de Colorado, desarrolló la creatividad necesaria para encontrar ingredientes que se cultivan localmente, cambiando sus menús con las estaciones, y obteniendo cumplidos de los clientes por sus comidas. Sus menús en "Tante Louise" reflejan sus sentimientos, el ser creativo sin ser ecléctico.

Tante Louise

Michael Degenhart – Tante Louise
4900 E. Colfax
Denver, Colorado
303-355-4488

Michael, a native Coloradan, actually received his college degree in political science with a minor in philosophy. While in school, he discovered the rewards of working in restaurants. Under the tutelage of several of Colorado's top chefs, he realized the degree of creativity in finding locally grown ingredients, changing menus to the seasons, and having customers compliment his meals. His menus at Tante Louise reflect his feelings, being creative without being eclectic.

Hojas Verdes con Ruedas de Polenta Doraditas

Rinde 4 porciones

1 litro de agua
1 1/4 tazas de harina de sémola
3 onzas de queso parmesano
2 1/2 onzas de mantequilla
1/4 de taza de albahaca fresca,
 picada
sal y pimienta negra triturada, al
 gusto

Vinagreta:
1 cabeza de ajo (asado y pelado,
 receta en sección de Básicos)
3/4 de taza de vinagre de resina
2 tazas de aceite de olivo virgen

Hojas Verdes:
1 cabeza de lechuga bibb
1/2 libra de hojas verdes,
 cualquiera
Lavar y secar las hojas verdes y la
 lechuga.

En una olla grande, hervir agua y agregar la sémola. Hervir a fuego lento, mezclando frecuentemente, hasta que la polenta comience a separarse de las orillas de la olla. Agregar los ingredientes restantes a la polenta y esparcer bien delgado (aprox. 1 cm.) sobre una charola de hornear y dejar que se enfríe. Con un recorta-galletas redondo, cortar la polenta.

Licuar el ajo con el vinagre de resina y lentamente añadir el aceite de olivo, para hacer de la salsa una emulsión.

Arreglo:

Calentar un sartén y agregar 2 cucharadas de aceite de olivo y saltear las rueditas de polenta, hasta que estén doradas por ambos lados. Arreglarlas sobre los platos. Mezclar las hojas verdes con la salsa vinagreta, la pimienta fresca triturada y con asiago o queso parmesano. Colocar la ensalada en el centro de las rueditas de polenta y servir.

Greens with Crisp Polenta Wafers

Serves 4

1 qt. water
1 1/4 c. semolina flour
3 oz. parmesan cheese
2 1/2 oz. butter
1/4 c. fresh basil, chopped
salt and coarsely ground black
    pepper to taste

Vinaigrette
1 head of garlic, roasted and
    peeled, recipe in Basics section
3/4 c. balsamic vinegar
2 c. virgin olive oil

Greens
1 head bibb lettuce
1/2 lb. field greens
Wash and dry greens.

In a large pot, bring water to a boil and whisk in the semolina. Return to a boil and lower the heat to a simmer, stirring frequently until polenta pulls away from the sides of the pot. Mix the remaining ingredients into the polenta and spread thinly (about 1/2 ") on a cookie sheet and cool. With a round cookie cutter, cut the polenta and hold.

In a blender, purée garlic with balsamic vinegar and slowly add olive oil to emulsify the dressing.

Assembly:

Heat a sauté pan and add 2 T. olive oil and sauté polenta rounds until crisp on both sides. Arrange on plates. Toss greens with vinaigrette, fresh ground pepper and asiago or parmesan cheese. Place greens in center of polenta rounds and serve.

Barbacoa de Carne de Búfalo con Maíz Machacado

Rinde 4 porciones

Salsa de Barbacoa Dulce y Picante:
2 chiles anchos, secos, sin tallo ni semillas
1 chile chipotle, sin tallo ni semillas
2 chiles rojos Nuevo México, sin tallo ni semillas
1 taza de jugo de naranja
1/2 taza de melaza
4 dientes de ajo
1 hoja de laurel
1/2 taza de vinagre de resina
3 litros de caldo de pollo
3 tazas de jugo de tomate

Sopa Seca de Maíz Machacado con Queso:
1 taza de "grits" (maíz blanco machacado)
2 1/2 tazas de caldo de pollo
1/2 cebolla blanca pequeña, finamente picada
1/2 taza de queso Sonoma jack, rallado
1/4 de taza de queso blanco tipo cheddar fuerte, rallado
1 cucharada de tomillo fresco picado

La Carne:
4 filetes top sirloin o falda de búfalo, de 6 onzas cada uno
sal y pimienta negra
1/4 de taza de aceite de olivo
1 libra de champiñones shiitake de las montañas rocallosas, sin tallo
cilantro para adornar

Salsa:
Hervir todos los ingredientes juntos a fuego lento hasta que los chiles estén suaves. Licuar y colar en coladera fina. Sazonar con sal y pimienta al gusto, y mantener caliente esta salsa.

Maíz machacado:
Hervir el caldo de pollo y la cebolla a fuego lento, durante 10 minutos. Agregar el maíz machacado y cocinar durante 5 minutos. Agregar el resto de los ingredientes.

Carne:
Calentar un sartén grande con el aceite de olivo. Sazonar la carne de búfalo con sal y pimienta y saltear al punto de su gusto. Ponerla a un lado y mantenerla caliente. Saltear los champiñones en el mismo sartén caliente, de 3 a 4 minutos. Agregar una taza de salsa de barbacoa y saltear 2 minutos más.

Dividir el maíz machacado en cuatro platos calientes y colocar la carne sobre el maíz. Colocar los champiñones alrededor de la carne, en las orillas del plato y adornar con cilantro y pimienta negra.

Barbecued Buffalo Steak with Cheese Grits

Serves 4

Spicy and Sweet Barbecue Sauce
2 ancho chile peppers, dried,
   stemmed and seeded
1 chipotle pepper, stemmed and
   seeded
2 New Mexican red chiles,
   stemmed and seeded
1 c. orange juice
1/2 c. molasses
4 cloves garlic
1 bay leaf
1/2 c. balsamic vinegar
3 qts chicken stock
3 c. tomato juice.

Cheese Grits
1 c. white hominy grits
2 1/2 c. chicken stock
1/2 small white onion, finely
   minced
1/2 c. Sonoma jack cheese, grated
1/4 c. sharp white cheddar,
   grated
1 T. fresh thyme, chopped

The Steak
4 6 oz. top sirloin buffalo or flank
   steak
salt and black pepper
1/4 c. olive oil
1 lb. Rocky Mountain shiitakes,
   stemmed
cilantro for garnish

Sauce:
Simmer all ingredients until peppers are soft. Purée in blender and strain through a fine mesh sieve. Season with salt and pepper to taste and keep warm.

Grits:
Simmer chicken stock and onion for 10 minutes. Whisk in grits and cook 5 minutes. Add remaining ingredients.

Steak:
Heat a large sauté pan and add olive oil. Season buffalo steaks with salt and pepper and sauté to desired doneness. Remove and keep warm. Sauté shiitakes in same hot pan for 3-4 minutes. Add 1 cup barbecue sauce and sauté 2 more minutes.

Divide the grits among 4 warm plates and place a buffalo steak on top of the grits. Spoon the mushrooms around the edge of plates and garnish with cilantro and black pepper.

Locura de Chocolate

Rinde 9 anillos (6 x 8 cm.)

3/4 de libra de mantequilla
  suavizada
9 onzas de azúcar
1/4 de libra de chocolate semi-
  dulce (yo uso Callebaut)
7 huevos
8 1/2 onzas de harina
1/8 de taza de cacao (yo uso
  Valrhona)
1 cucharada + 1 cucharadita de
  polvo de hornear
azúcar glas para adornar

Picar el chocolate semi-dulce en trocitos pequeños y poner en baño María a derretir sobre agua caliente, pero no hirviendo. Mientras se derrite el chocolate, batir la mantequilla con el azúcar. Cerner la harina, el cacao y el polvo de hornear juntos y poner a un lado. Agregar el chocolate derretido a la mezcla de mantequilla y azúcar hasta que queden bien combinados. Lentamente agregar los huevos, de dos en dos, mezclando constantemente. Raspar los lados del tazón y mezclar de nuevo. Agregar la mezcla de harina hasta que quede bien combinada. Poner la mezcla en los anillos llenándolos aproximadamente 1/3. Si sobra masa, agregar un poco más a cada anillo. POR FAVOR NOTE QUE ESTA RECETA PUEDE NO RESULTAR SI NO USA ANILLOS. Congelar la masa. Sacar los anillos del congelador, colocar sobre una charola y hornear a 450° F, de 8 a 10 minutos o hasta que un cuchillo, al ser insertado, muestre que el centro está caliente pero aún crudo. Sacar del horno, cortar alrededor de los costados del anillo, adornar con azúcar glas y quitar el anillo.

Esta receta puede variar en sabor si no usa los mismos tipos de chocolate y cacao.

Chocolate Insanity

Yield 9 rings (2 1/2"x 3 1/4")

3/4 lb. butter, softened
9 oz. sugar
1/4 lb. semi-sweet chocolate (I
  use Callebaut)
7 eggs
8 1/2 oz. flour
1/8 c. cocoa (I use Valrhona)
1 T+1 t. baking powder
powdered sugar for garnishing

Chop semi-sweet chocolate finely and place in a double boiler and melt over hot, not boiling, water. While chocolate is melting, cream butter and sugar. Sift flour, cocoa and baking powder together and set aside. Add melted chocolate to butter-sugar mixture until combined. Slowly add eggs, two at a time, mixing after each addition. Scrape down sides of bowl and mix again. Add flour mixture until combined. Pipe mixture into rings about 1/3 full. If there is any leftover batter, top each ring off. PLEASE NOTE; THIS RECIPE MAY NOT TURN OUT IF YOU ARE NOT USING RINGS. Freeze the batter. Take rings from freezer, place on a sheet pan and into a 450° oven. Cook for 8-10 minutes or until a knife is inserted and center is warm but uncooked. Remove from oven, cut around sides of ring, sprinkle with powdered sugar and remove ring.

This recipe may vary in taste if you are not using the same brands of chocolate and cocoa.

Terra Bistro

Nacida en 1962, Cynthia Walt ha causado un gran impacto con su estilo creativo de cocina ligera y llena de colores y sabores. Ser artista le ayudó a incorporar el color y el estilo a su presentación sin el "fru-fru" tan común. Ella cambió su carrera después de llegar a Nueva York y asistir a "The Restaurant School" donde tuvo la oportunidad de trabajar con algunos de los mejores instructores de la ciudad de Nueva York. Algunos le ayudaron con la economía del negocio, mientras otros le enseñaban a producir comida creativa y maravillosa. Cynthia es felíz siendo chef, en una ocupación donde gana dinero a cambio de poder presentar su gran talento. Su restaurante casual ofrece técnicas de cocina ligera y saludable con una increíble presentación y enfoque a la incorporación de los sabores del oriente, la India, el suroeste y de América. La lista de vinos es igual de excitante que los platillos, deleitando a los huéspedes, quienes quedan ansiosos por regresar.

Terra Bistro

Cynthia Walt – Terra Bistro
352 E. Meadow Drive
Vail, Colorado
303-476-0700

Born in 1962, Cynthia Walt has made a huge impact with her creative style of light, colorful cuisine, full of flavor and style. Being an artist helped her to incorporate color and style to her presentation without the fru-fru so often found. She changed her career after arriving in New York and attended The Restaurant School where she then had the opportunity to work with some of New York's finest. Some whipped her into shape with economics while others showed her how to produce creative and wonderful food. Cynthia is thrilled being a chef, allowing her to have a trade that gives her a chance to get paid for showing off her great talent. Her casual restaurant offers light and healthy cooking techniques with incredible presentation and focus on incorporating the flavors of the Orient, India, Southwest and America. The wine list matches the cuisine in excitement making guests very happy and anxious for a return visit.

Chiles Rellenos con Queso de Cabra, Asados

Rinde 6 porciones

6 chiles poblanos
1 libra de queso de cabra
1/4 de taza de queso mozzarela
**   rallado**
1/4 de jícama, finamente picada
1/4 de cebolla colorada,
**   finamente picada**
1/4 de manojo de berro, picado
1/2 taza de frijoles negros cocidos
3/4 de cucharadita de orégano
**   fresco**
1/4 de taza de grosellas
1 cucharada de tequila
3/8 de cucharadita de canela
3/8 de taza de pepitas de
**   calabaza, tostadas**

Remojar las grosellas en tequila. Mezclar el resto de los ingredientes y agregar las grosellas. Asar los chiles poblanos en una parrilla, hasta que estén negros por todos lados. Ponerlos en una bolsa de papel y dejar que se enfríen. Pelar lo negro de los chiles y hacer un corte vertical a lo largo del chile. Sacar las semillas. Rellenar con la mezcla de queso de cabra. Asar en una parrilla cubierta, hasta que estén suaves.

Atún Untado con Cilantro

Rinde 6 porciones

6 filetes de atún, de 6 onzas cada
**   uno**
sal, al gusto
2 cucharadas de semillas de cilantro
2 cucharadas de pimienta negra
**   entera**
2 cucharadas de "miso"
2 cucharadas de cebollitas de
**   Cambray**
2 2/3 cucharaditas de ajo
2 2/3 cucharaditas de jengibre
1/4 de taza de salsa de soya
1 taza de vinagre de arroz
1/3 de taza de aceite de ajonjolí
2/3 de taza de aceite de canola

Vinagreta de Limón Amarillo y
**   Tomillo:**
1 chalote
1/2 cucharadita de jalapeño picado
raspadura de 1/2 limón amarillo
1 1/4 cucharada de tomillo fresco,
**   picado**
1 cucharada de jugo de limón
**   amarillo**

Vinagreta de Limón Amarillo y Tomillo: Mezclar los chalotes, el jalapeño, la raspadura de limón amarillo y el tomillo, en la licuadora o el procesador. Agregar jugo de limón y vinagre de arroz. Poco a poco, agregar aceite y sazonar con sal y pimienta.

Tostar ligeramente las semillas de cilantro y la pimienta entera en un sartén de hierro forjado y triturar en un molino. Poner a un lado.

Vinagreta Tamari: Picar las cebollitas, el ajo y el jengibre en la procesadora. Agregar el miso y hacerlo puré. Agregar el resto de los ingredientes poco a poco, alternando entre el aceite y los líquidos. Reservar.

Rociar los filetes de atún con sal. Untar con la sazón de pimienta y cilantro. Colocar en una parrilla caliente y asar 2 minutos de cada lado. Mezclar las hojas verdes con la vinagreta de limón amarillo y tomillo. Colocar los filetes de atún sobre las hojas verdes y gotear con vinagreta tamari.

3 onzas de vinagre de arroz
3 onzas de aceite de canola
sal y pimienta
hojas verdes mixtas para 6 porciones

Grilled Goat Cheese Chile Rellenos

Serves 6

6 poblano chiles
1 lb. goat cheese
1/4 c. mozzarella, shredded
1/4 jicama, finely diced
1/4 red onion, finely diced
1/4 bunch watercress, chopped
1/2 c. cooked black beans
3/4 t. fresh oregano
1/4 c. currants
1 T. tequila
3/8 t. cinnamon
3/8 c. toasted pumpkin seeds

Soak the currants in tequila. Mix together all remaining ingredients and add currants. Roast the poblano chiles on a grill until black on all sides. Put in a brown paper bag and let cool. Peel the black off the chiles and slit vertically on one side. Remove seeds. Spoon the goat cheese mixture into the cavity. Roast on a covered grill until soft.

Coriander Rubbed Tuna

Serves 6

6 6 oz. tuna steaks
salt to taste
2 T. coriander seeds
2 T. black peppercorns
2 T. miso
2 T. scallions
2 2/3 t. garlic
2 2/3 t. ginger
1/4 c. soy sauce
1 c. rice vinegar
1/3 c. sesame oil
2/3 c. canola oil

Lemon Thyme Vinaigrette
1 shallot
1/2 t. jalapeño, chopped
zest of 1/2 lemon, finely chopped
1 1/4 T. fresh thyme, chopped
1 T. lemon juice
3 oz. rice vinegar

Lemon Thyme Vinaigrette: Mix shallot, jalapeño, lemon zest and thyme in blender or processor. Add lemon juice and rice vinegar. Gradually add oil and season with salt and pepper.

Lightly toast coriander seeds and peppercorns in cast iron pan and coarsely chop in a pepper mill. Set aside.

Tamari Vinaigrette: Chop scallions, garlic and ginger in the food processor. Add miso and purée. Add the remaining ingredients gradually, alternating between oil and liquids. Reserve.

Sprinkle tuna steaks with salt. Dredge in the coriander black pepper rub. Put on hot grill and sear 2 minutes on each side. Toss greens with lemon thyme vinaigrette. Put the tuna steaks on top of the greens and drizzle with tamari vinaigrette.

3 oz. canola oil
salt and pepper

mixed greens for 6 servings

Rollos de Salmón Curtidos en Albahaca

Rinde 6 porciones

1 libra de salmón, con pellejo
   (cortar el filete a la mitad)
1/2 taza de azúcar
1/2 taza de sal kosher
2 cucharadas de pimienta negra o
   blanca recién molida
1 taza de albahaca fresca, picada
1/4 de taza de vodka

Aioli de Curri Rojo:
2 tallos de hierba de té de limón,
   picado "cymbopogon citratus"
   (solo usar los 2 cm. de la base)
   raspadura de 1 limón
1 diente de ajo
1/4 de taza de tofu firme
1 cucharada de vinagre de arroz
1 cucharadita de pasta de curri
   rojo*
1 taza de aceite de canola
1 cucharada de salsa de soya
*disponible en mercados asiáticos

Guacamole:
6 aguacates maduros
jugo de 3 limones
2 cebollas coloradas, picadas
1 cucharadita de ajo, picado
1/2 jalapeño, pelado y sin
   semillas
1 cucharada de cilantro
comino molido
sal y pimienta

Aioli Wasabi:
1/4 de manojo de berro
1/2 jalapeño
una pieza de jengibre de 5 cm x
   2.5 cm.
1 diente de ajo
4 yemas de huevo
1/2 onza de vinagre de arroz
1/4 de taza de polvo wasabi
1 taza de aceite de canola
3/4 de onza de aceite de ajonjolí

Mezclar el azúcar, la sal y la pimienta. Untar el salmón con esta mezcla. Rociar con vodka y cubrir con albahaca. Colocar un filete con el pellejo hacia abajo en el sartén y cubrir con el otro filete con el pellejo hacia arriba. Tapar y refrigerar de 24 a 48 horas, sazonando dos veces al día con el líquido que se acumule.

En la procesadora, hacer puré de la hierba de té de limón, la raspadura de limón y el ajo. Agregar el tofu, el vinagre de arroz y la pasta de curri. Poco a poco, agregar el aceite de canola. Agregar salsa de soya. Reservar.

Machacar los aguacates con el jugo de limón. Agregar el resto de los ingredientes y sazonar con sal, pimienta y comino.

Hacer puré de los berros, los jalapeños, el jengibre y el ajo, en la procesadora. Agregar las yemas de huevo, el vinagre y el wasabi. Agregar el aceite de canola, en un chorrito continuo. Agregar el aceite de ajonjolí y la salsa de soya.

Para servir:
Calentar las tortillas rápidamente para suavizarlas. Cepillarlas con aioli de curri rojo. Cubrir la mitad de la tortilla con una capa de salmón, luego las hojas de albahaca, los brotes mencionados y las tiras de jitomate. Enrollar estilo sushi y cortar en piezas pequeñas. Servir con guacamole y aioli de curri extra rojo. Opcional: Esparcer el aioli wasabi sobre algunas de las tortillas calientes, enrollar, cortar en pedazos pequeños y servir con rollos de salmón.

1/4 de taza de salsa de soya

Para servir:
tortillas de harina, delgadas, de 8 pulgadas (20 cm.)
salmón curado
brotes de flor de girasol
brotes de chícharos dulces
hojas de albahaca
tiras de jitomate

Basil Cured Salmon Rolls

Serves 6

1 lb. salmon, skin on, cut filet in half
1/2 c. sugar
1/2 c. kosher salt
2 T. black or white pepper, freshly ground
1 c. fresh basil, coarsely chopped
1/4 c. vodka

Red Curry Aioli
2 stalks lemon grass, chopped (bottom inch only)
zest of 1 lime
1 clove garlic
1/4 c. firm tofu
1 T. rice vinegar
1 t. red curry paste*
1 c. canola oil
1 T. soy sauce
*available at Asian markets

Guacamole
6 ripe avocados
juice of 3 limes
2 red onions, chopped
1 t. garlic, chopped
1/2 jalapeño, peeled and seeded
1 T. cilantro
ground cumin
salt and pepper

Wasabi Aioli
1/4 bunch watercress
1/2 jalapeño
2" x 1" piece of ginger
1 clove garlic
4 egg yolks
1/2 oz. rice vinegar
1/4 c. wasabi powder
1 c. canola oil

3/4 oz. sesame oil
1/4 c. soy sauce

To Serve:
thin 8" flour tortillas
cured salmon
sunflower sprouts
sweet pea sprouts
basil leaves
tomato strips

Mix together sugar, salt and pepper. Rub into flesh of salmon. Sprinkle with vodka and cover with basil. Put one filet skin side down in pan and cover with other filet skin side up. Cover and refrigerate 24-48 hours, basting twice a day with the fluid that accumulates.

In food processor, purée the lemon grass, lime zest and garlic. Add the tofu. rice vinegar and curry paste. Slowly drizzle in canola oil. Add soy sauce. Reserve.

Mash avocados with lime juice. Fold in other ingredients and season with salt, pepper and cumin.

Purée watercress, jalapeño, ginger and garlic in food processor. Add yolks, vinegar and wasabi. Add canola oil in a steady stream. Add sesame oil and soy sauce.

To serve:

Warm tortillas briefly to soften. Brush with red curry aioli. Cover half of the tortilla with a layer of salmon, then basil leaves, sprouts and tomato strips. Roll up sushi style and cut into small pieces. Serve with guacamole and extra red curry aioli. Optional: Spread the wasabi aioli over some of the warm tortillas, roll up, cut into small pieces and serve with salmon rolls.

Two Bitts
Bistro

Nacido en Alaska, Brian era un niño de la fuerza aérea, uno de los cuatro hijos de familia que viajaron por todos los Estados Unidos. A la edad de 10 años, la familia llegó a Colorado Springs y ha estado allí desde entonces, considerándolo su hogar. Los hijos hacían las labores diarias, los platos entre las más aburridas. Pero mamá les explicaba acerca de las especias sobre el lavadero logrando que Brian mirara hacia arriba con interés en vez de hacia abajo dentro de los peroles sucios. A la edad de 13 años, mamá regresó al trabajo y él tuvo la oportunidad de experimentar directamente su nueva afición. La cocina se convirtió en una pasión y a los 16 años Brian comenzó a trabajar en restaurantes. Su carrera lo llevó a Aspen, luego a Dallas donde obtuvo un empleo con Stephan Pyles. Aquí obtuvo una gran educación de un hombre que se convirtió en su mentor, un amigo y alguien a quien él quería imitar. Ser el chef ejecutivo del "City Cafe" en Dallas era fantástico, pero Brian y su esposa Tracy querían volver a Colorado. Ahora, chef ejecutivo de "Two Bitts", está entusiasmadísimo con la gran oportunidad de abrir un lugar nuevo donde demostrar su fabulosa cocina con grandes sabores y presentación, que son el sello oficial de "Two Bitts". Los huéspedes se divierten en grande, ya que Brian está constantemente añadiendo nuevos elementos excitantes a sus platillos.

Two Bitts Bistro

Brian Glover – Two Bitts Bistro
1155 Canyon
Boulder, Colorado
303-442-8400

Born in Alaska, Brian was an Air Force kid, one of four in the family that traveled all around the states. At age 10, the family arrived in Colorado Springs and has been there ever since, considering it home. The kids did the chores, dishes among the more boring. Mom explained the spices above the sink making Brian look up with interest instead of down into dirty pots. At age thirteen, Mom went back to work and he had a chance to experiment first-hand at his new love. Cooking became a passion and at sixteen Brian started working in restaurants. His career took him to Aspen, then to Dallas where he landed a job with Stephan Pyles. Here he got a great education from a man who became his mentor, a friend and someone he wanted to emulate. Being the executive chef at City Cafe in Dallas was great, but Brian and his wife, Tracy, wanted to return to Colorado. Now, executive chef at Two Bitts, he is loving the great opportunity of opening an incredible new space to showcase his cuisine with great flavors and presentation that are the signature of Two Bitts. The guests are having a wonderful time as Brian is constantly bringing new elements of excitement to dining.

Codorniz a la Parrilla con Chutney de Cereza

Rinde 4 porciones

4 codornices semi-deshuesadas
4 tazas de hojas verdes, apretan-
do al medirlas
2 cucharadas de chalotes, finamente picados
2 cucharadas de vinagre de
frambuesa
sal y pimienta
aceite de canola

Chutney:
2 tazas de cerezas frescas sin
tallos ni semillas
1/8 de taza de vinagre de vino
tinto
1/8 de taza de azúcar morena
2 cucharaditas de melaza
1 cucharadita de ajo, finamente
picado
1/2 hoja de laurel
1 clavo
una pizca de canela
1/8 de cucharadita de nuez
moscada
1 cucharadita de sal
1/4 de cucharadita de pimienta

Chutney: Combinar todos los ingredientes y hervir en una cazuela no reactiva sobre fuego fuerte. Bajar la lumbre a fuego medio y reducir hasta que espese, aproximadamente 15 minutos. Colocar en un recipiente adecuado y refrigerar.

Mientras se asan las codornices a un término medio, calentar un sartén a fuego fuerte hasta que esté bien caliente. Cubrir con cuidado el fondo del sartén con aceite de canola y agregar los chalotes. Saltear hasta que estén traslúcidos y luego agregar las hojas verdes mezclando ligeramente. Rápidamente agregar el vinagre y mezclar otros 15 segundos, sazonando al gusto con sal y pimienta. Dividir las hojas en cuatro platos y colocar una codorniz sobre las hojas, cubriendo con una cucharada de chutney.

Grilled Quail with Cherry Chutney

Serves 4

4 semi-boneless quail
4 c. mixed greens, firmly packed
2 T. shallots, minced
2 T. raspberry vinegar
salt and pepper
canola oil

Chutney
2 c. bing cherries, stemmed and
  pitted
1/8 c. red wine vinegar
1/8 c. brown sugar
2 t. molasses
1 t. garlic, minced
1/2 leaf of bay leaf
1 clove
pinch of cinnamon
1/8 t. nutmeg
1 t. salt
1/4 t. pepper

Chutney: Combine all ingredients and bring to a boil in a non-reactive saucepan over high heat. Turn heat to medium and reduce until thickened, about 15 minutes. Place in a suitable container and chill.

While grilling quail to medium, heat a sauté pan over high heat until very hot. Carefully cover the bottom of pan with canola oil and add the shallots. Sauté until the shallots are translucent, then add the greens and toss gently. Quickly add the vinegar and toss for 15 more seconds, seasoning to taste with salt and pepper. Divide the greens between four plates, place a quail on top of greens and top with a spoonful of chutney.

Lomo de Res Ahumado con "Coulis" de Maíz

Rinde 4 porciones

2 libras de lomo, ahumado en frío y asado en el horno a 350° F a término medio (aproximadamente de 15 a 20 minutos)

Elote Picado al Carbón:
7 elotes frescos
1 cebolla amarilla pequeña, picada
2 dientes de ajo pequeños, finamente picados
1 taza de caldo de pollo
sal y pimienta
1 pimiento rojo grande, asado, pelado y picado al tamaño de los granos de elote
1 chile poblano grande, asado, pelado y picado al tamaño de los granos de elote
1/2 manojo de cilantro, finamente picado

Camotes Batidos con Chile Ancho:
3 camotes medianos
1 papa russet, grande
1 chile ancho grande, limpio y sin semillas
2/3 de taza de crema espesa
1/8 de taza de mantequilla dulce, al tiempo

Asar los elotes en las cáscaras, hasta que estén listos (15 minutos volteando 4 veces mientras se negrea). Cuando los elotes se hayan enfriado, limpiarlos, y con un cuchillo afilado cortar, desprendiendo los granos de la mazorca. Poner aparte los granos de 2 de los elotes para adornar y colocar el resto en una cazuela con la cebolla, el ajo y el caldo de pollo hirviéndolos. Reducir la lumbre y hervir a fuego lento, 10 minutos. Licuar esta mezcla hasta que esté suave, sazonando al gusto con sal y pimienta. Verter este "coulis" en una cazuela limpia y agregar los granos de elote, los chiles, los pimientos y el cilantro. Hervir a fuego lento y mantener caliente.

Pelar y cortar las papas y los camotes en sextos y hervir en agua, hasta que se suavicen. Mientras éstas se cocinan, calentar la crema y el chile ancho juntos sobre fuego medio, hasta que el chile se suavice. Licuar y poner de nuevo sobre la lumbre. Colar las papas y los camotes cuando estén listos y colocarlos en un tazón de acero inoxidable. Agregar la mantequilla y la mitad de la mezcla de chile con crema, y batir hasta que quede suave pero firme; agregando crema conforme vaya siendo necesaria y sazonando al gusto, con sal y pimienta.

Colocar una cucharada de los camotes batidos con chile ancho, en la parte superior de 4 platos. Agregar cantidades iguales del "coulis" de elote picado al carbón, en la base de cada uno de estos platos. Rebanar el lomo en 12 piezas iguales (2 1/2 onzas cada una) y colocar tres piezas en forma de abanico en cada plato, junto a los camotes. Adornar con ramitas de cilantro.

Smoked Tenderloin with Corn Coulis

Serves 4

2 lb. beef tenderloin, cold smoked
and finished in a 350° oven until
medium rare (approximately 15-
20 minutes)

Charred Corn Coulis
7 ears fresh corn
1 small yellow onion, diced
2 small cloves garlic, minced
1 c. chicken stock
salt and pepper
1 large red bell pepper, roasted,
    peeled and diced the size of
    corn
1 large poblano pepper, roasted,
    peeled and diced the size of
    corn
1/2 bunch cilantro, finely
    chopped

Ancho Whipped Sweet Potatoes
3 medium sweet potatoes
1 large russet potato
1 large ancho chile, cleaned and
    seeded
2/3 c. heavy cream
1/8 c. sweet butter, room
    temperature

Grill the corn in the husk until done (15 minutes-turning 4 times as it blackens). When the corn has cooled, clean it and with a sharp knife, cut the charred kernels off the cob. Retain the corn from 2 cobs for garnish and place the rest in a suitable saucepan with the onion, garlic and chicken stock, bringing it to a boil. Reduce heat and simmer for 10 minutes. Place this mixture in a blender and blend until smooth, seasoning to taste with salt and pepper. Return the coulis to a clean saucepan and stir in corn, peppers and cilantro. Return to a simmer and keep warm.

Peel and cut the potatoes into sixths and boil in water until tender. While the potatoes are cooking, heat the heavy cream and ancho together over medium heat, until the chile is soft. Blend until smooth and return to heat. Drain the potatoes when done and place in a stainless steel mixing bowl. Add the butter and 1/2 of the chile-cream mixture and begin whipping. Whip until smooth but firm, adding cream as necessary and seasoning to taste with salt and pepper.

Place a spoonful of ancho whipped sweet potatoes at the top of four plates. Ladle equal amounts of charred corn coulis across the bottom of each of these plates. Slice the tenderloin into 12 equal pieces (2 1/2 oz. each) and fan three pieces on each plate, leaning against the potatoes. Garnish with cilantro sprigs.

Pay de Queso de Cabra con Albahaca Ópalo

Rinde 10 porciones

Pasta:
1 taza de galletas graham, molidas
1/2 taza de nueces "black walnut", finamente picadas
5 cucharadas de mantequilla derretida
3 cucharadas de azúcar
2 cucharadas de menta, finamente picada

Pay de Queso:
1 libra de queso crema
1 1/4 libras de queso de cabra
3/4 de taza de azúcar
2 huevos, ligeramente batidos
1/2 cucharadita de vainilla
una pizca de canela
2 cucharadas de fécula de maíz
3/4 de taza de crema agria
1/4 de taza de albahaca ópalo, picada superfina

Miel de Granada:
2 tazas de jugo fresco de granada
1/4 de taza de azúcar
2 cucharadas de miel de maíz ligera

Miel de Chocolate:
8 onzas de chocolate semi-dulce
1/3 de taza de leche
2 cucharadas de miel de maíz ligera (Karo)

Pasta:

Combinar todos los ingredientes en un tazón y mezclar bien. Comprimir la mezcla en la base y los costados de un molde para pay de 9 pulgadas. Asegurarse de que tenga un espesor uniforme en la base. Hornear durante 10 minutos a 350° F. Dejar que se enfríe, antes de rellenar.

Pay de Queso:

Calentar el horno a 450° F. En un tazón grande, batir los quesos y el azúcar, hasta que estén suaves. Agregar los huevos, la vainilla, la canela y la fécula de maíz, batiendo hasta que estén bien mezclados. Agregar la crema agria y la albahaca ópalo, hasta que queden bien mezclados. Verter en la pasta preparada y hornear durante 45 minutos. Apagar el horno, dejar entreabierta la puerta de éste y dejar que se enfríe, aproximadamente 2 horas y media. Refrigerar de un día para otro.

Miel de Granada:

En una cazuela no reactiva, reducir el jugo y el azúcar 2/3 partes. Agregar la miel de maíz y hervir a fuego lento durante 5 minutos más. La salsa debe quedar con la consistencia espesa de miel. Dejar que se enfríe a temperatura ambiental antes de servirla.

Miel de Chocolate:

Derretir el chocolate en baño María, agregando la leche y la miel una vez que se haya derretido por completo. Dejar que se enfríe a temperatura ambiental antes de servir. La miel debe escurrir con facilidad, pero no extenderse por todo el plato.

Para servir:

En un plato para postre, blanco, gotear al azar una cucharadita de cada una de las mieles. Colocar una pieza del pay de queso sobre la miel y adornar con semillas de granada fresca y hojas de menta.

Opal Basil Goat Cheese Cheesecake

Serves 10

Crust
1 c. graham cracker crumbs
1/2 c. black walnuts, finely
  chopped
5 T. butter, melted
3 T. sugar
2 T mint, finely chopped

Cheesecake
1 lb. cream cheese
1 1/4 lb. goat cheese
3/4 c. sugar
2 eggs, lightly beaten
1/2 t. vanilla
pinch of cinnamon
2 T. cornstarch
3/4 c. sour cream
1/4 c. opal basil, chiffonade,
  loosely packed

Pomegranate Syrup
2 c. fresh pomegranate juice
1/4 c. sugar
2 T. light corn syrup

Chocolate Syrup
8 oz. semi-sweet chocolate
1/3 c. milk
2 T. light corn syrup

Crust:

Combine all ingredients in a mixing bowl and blend well. Press mixture on the bottom and up the sides of a 9" springform pan. Be sure the thickness is even on the bottom. Bake for 10 minutes in a 350° oven. Cool before filling.

Cheesecake:

Preheat oven to 450°. In a large mixing bowl, beat the cheeses and sugar until smooth. Add the eggs, vanilla, cinnamon and cornstarch, beating until thoroughly mixed. Stir in sour cream and opal basil until well blended. Pour into prepared crust and bake for 45 minutes. Turn the oven off, prop the oven door open and allow to cool for 2 1/2 hours. Chill overnight.

Pomegranate Syrup:

In a non-reactive saucepan, reduce the juice and sugar by 2/3. Add the corn syrup and simmer for 5 minutes longer. The sauce should be syrup thick. Allow to cool to room temperature before serving.

Chocolate Syrup:

Melt the chocolate in a double boiler, adding the milk and syrup after it is completely melted. Bring back to room temperature to serve. The syrup should pour but not spread on the plate.

To serve:

On a white dessert plate, randomly drizzle spoonfuls of each syrup. Place a piece of cheesecake on top of syrups and garnish with fresh pomegranate seeds and mint leaves.

240 Union

Sólo en las montañas y en el desierto de la parte norte de Nuevo México encuentra uno la magia espiritual que es el hogar de algunos de los más grandes artistas de este país. Matthew se crió en estos alrededores. Desde los años formativos de influencia con su madre, y un entendimiento de los colores y las texturas obtenidos de su padre, quien era un artista local, Matthew aprendió lo básico para empezar en "Fountain at El Patio" en Taos, Nuevo México. Más tarde, como apredíz del Chef Jimmy Schmidt en el "Rattlesnake Club" de Denver, Matthew tuvo la oportunidad de continuar su carrera...hasta llegar a ser chef ejecutivo. Hoy, Matthew es el chef/co-dueño de "240 Union". Él, junto con los otros co-dueños, Noel Cunningham y Michael Coughlin, han creado una parrilla americana moderna con influencia predominantemente de la cocina Mediterránea. El ambiente es abierto y airoso con una cocina de exhibición a todo lo largo del comedor. Disfrute estas recetas, elegidas por su facilidad de preparación. Esperamos le inspiren ofreciéndole un nuevo giro a ingredientes que de otro modo pudiesen ser ordinarios, y al igual brindarle un toque de algo poco familiar.

240 Union

Chef Matthew Franklin – 240 Union
240 Union
Lakewood, Colorado
(303) 989-3562

Only in the mountains and desert of northern New Mexico does one find the spiritual magic which is home to some of America's greatest artists. Matthew grew in this environment. From formative years of influence with his mother and an understanding of colors and textures from his father, a local artist, Matthew learned the basics which gave him his start at the Fountain at El Patio in Taos, New Mexico. A later apprenticeship under Chef Jimmy Schmidt at Denver's Rattlesnake Club allowed Matthew the opportunity to further his career...all the way to executive chef. Today, Matthew is chef/co-owner of 240 Union. He, along with co-owners Noel Cunningham and Michael Coughlin, has created a modern American grille influenced mainly by Mediterranean cuisine. The ambiance is open and airy with an exhibition kitchen which stretches the length of the dining room. Enjoy these recipes, chosen for their ease of preparation. Hopefully they will inspire you by offering a new spin on otherwise ordinary ingredients as well as a touch of the unfamiliar.

Sopa de Frijol Blanco con Radicchio y Pesto

Rinde 4 porciones

Sopa:
3 cucharadas de aceite de olivo
4 onzas de pancetta o tocino, pasado por agua hirviendo y enjuagado
1/2 taza de apio picado
1/2 taza de cebolla picada
1/2 taza de zanahoria picada
2 tazas de frijoles blancos, remojados de un día para otro, y escurridos
3 litros de caldo de pollo o caldo enlatado
sal y pimienta blanca al gusto
1 cabeza de radicchio, cortada en tiritas

Pesto:
1 taza de hojas de albahaca
2 dientes de ajo, pelados
1/2 taza de aceite de olivo extra
virgen
1/4 de taza de queso parmesano rallado
2 cucharadas de piñón

En una cacerola grande poner el aceite de olivo y la pancetta y dorar ligeramente. Agregar el apio, las zanahorias y las cebollas y cocinar a temperatura media, hasta que se suavicen. Agregar los frijoles y el caldo. Hervir a fuego lento, hasta que los frijoles estén suaves (3 ó 4 horas). Sazonar al gusto con sal y pimienta. Licuar, hasta que quede cremoso.

Colocar la albahaca y el ajo en la procesadora con cuchilla de hierro, o en la licuadora. Al procesar o licuar, lentamente agregar el aceite de olivo. Cuando el aceite haya sido absorbido, agregar el queso parmesano, la sal, la pimienta y los piñones. Continuar mezclando, hasta que quede bien combinado.

Servir la sopa en platos hondos calientes, salpicar con pesto y rociar con el radicchio cortado en tiras.

T-Bone 240 a la Parrilla

Rinde 4 porciones

2 carnes de res T-bone o porterhouse de 16 onzas c.u.
1 cucharada de ajo, finamente picado
2 cucharadas de romero fresco, finamente picado
2 cucharadas de pimienta negra fresca molida
1/2 taza de aceite de olivo
sal, al gusto
2 cucharadas de jugo de limón amarillo

Cebollas al Carbón:
2 cebollas dulces, por ejemplo, Vidalia, Walla-Walla o Maui
aceite de olivo restante de la receta de carne
sal y pimienta

Preparar la parrilla al carbón. Sacar las carnes del refrigerador y dejar a temperatura ambiental por 2 horas antes de cocinarlas. Untar las carnes a fondo con el ajo, el romero, la pimienta y 2/3 del aceite de olivo. Asar las carnes a fuego medio de 3 a 5 minutos de cada lado, hasta que estén al término de su gusto. Quitar las carnes de la parrilla y ponerlas en un plato de servir caliente cubriendolas con papel aluminio. Dejar reposar 5 minutos. Separar la carne del hueso y rebanar en trozos de poco menos de 1 cm., guardando el jugo. Exprimir jugo de limón amarillo en el jugo de la carne reservado, sazonar con sal y pimienta y verter sobre la carne rebanada. Servir en platos calientes y adornar con las cebollas al carbón.

Pelar y rebanar las cebollas, mezclar con aceite de olivo, sal y pimienta, y asar en la parrilla a un lado de la carne 2 o 3 minutos de cada lado.

White Bean Soup with Radicchio and Pesto

Serves 4

Soup
3 T. olive oil
4 oz. pancetta or bacon, blanched
   and rinsed
1/2 c. celery, diced
1/2 c. onion, diced
1/2 c. carrot, diced
2 c. white beans, soaked
   overnight and drained
3 qts. chicken stock or canned
   broth
salt and white pepper, to taste
1 head radicchio, julienned

Pesto
1 c. basil leaves
2 garlic cloves, peeled
1/2 c. extra virgin olive oil
1/4 c. parmesan cheese, grated

2 T. pine nuts
salt and freshly ground black pepper

In a large pot, add olive oil and pancetta and lightly brown. Add celery, carrots and onions and cook over moderate heat until tender. Add beans and stock. Bring to a boil, reduce heat and simmer until beans are tender (3-4 hours). Season to taste with salt and pepper. Transfer soup to blender and blend until smooth.

Place basil and garlic in food processor with a steel blade or in a blender. With blender or processor running, slowly add the olive oil. When oil is absorbed, add parmesan cheese, salt, pepper and pine nuts. Blend until thoroughly mixed.

Ladle soup into warm soup bowls, drizzle with pesto and sprinkle with julienned radicchio.

Grilled T-Bone 240

Serves 4

2 16 oz. T-bone or porterhouse
   steaks
1 T. garlic, minced
2 T. fresh rosemary, minced
2 T. freshly ground black pepper
1/2 c. olive oil
salt, to taste
2 T. lemon juice

Fire Roasted Onions
2 sweet onions ie. Vidalia,
   Walla-Walla or Maui
remaining olive oil from steak
   recipe
salt and pepper

Prepare charcoal grill. Remove steaks from refrigerator to room temperature 2 hours prior to cooking. Rub steaks thoroughly with garlic, rosemary, pepper and 2/3 of the olive oil. Grill steaks over medium high heat 3-5 minutes per side until desired level of doneness. Remove steaks to a warm serving plate and tent with foil. Let rest 5 minutes. Carve meat from bone and slice in 1/4" slices, reserving all juices. Squeeze lemon juice into reserved meat juices, season with salt and pepper and pour over sliced steak. Serve on warm plates and garnish with fire roasted onions.

Peel and slice onions, toss with olive oil, salt and pepper and grill along side of steaks for 2-3 minutes each side.

Ensalada de Salmón Salteado

Rinde 4 porciones

1 **libra de espárragos, cortados en piezas de 5 cm. y pasados por agua hirviendo**

4 **porciones de hojas verdes de ensalada (espinaca, radicchio, hoja de mantequilla, endibias belgas)**

4 **cucharadas de jugo de limón amarillo**

4 **cucharadas de aceite de olivo extra virgen**

1 **cucharadita de raspadura de limón amarillo, bañado con agua hervida**

1 **onza de mantequilla**

8 **onzas de salmón cortado en cubos de 2 cm.**

sal y pimienta

1 **manojo de cebollín cortado en trozos de 5 cm.**

1 **manojo de eneldo, sin tallos y cortado con tijeras**

Lavar y secar las hojas verdes. Calentar la mantequilla en un sartén de teflón, sazonar el salmón con sal y pimienta y saltear a término medio. Sacar las piezas de salmón a un plato y mantenerlas calientes. Agregar el jugo de limón amarillo al sartén, y sazonar con sal, pimienta y raspadura de limón amarillo, y batir agregando el aceite de olivo. Mezclar las hojas verdes con el aderezo y los esparragos y arreglar sobre 4 platos. Colocar el salmón caliente arriba y adornar con cebolleta y eneldo.

Sautéed Salmon Salad

Serves 4

1 lb. asparagus, cut into 2" pieces
and blanched
4 portions mixed salad greens
(spinach, radicchio, butter leaf,
belgian endives)
4 T. lemon juice
4 T. extra virgin olive oil
1 t. lemon zest, blanched
1 oz. butter
8 oz. salmon, cut into 1" cubes
salt and pepper
1 bunch chives, cut into 2" pieces
1 bunch dill, stemmed and cut
coarsely with scissors.

Wash and dry greens thoroughly. Heat the butter in a non-stick pan, season salmon with salt and pepper and sauté to medium-rare. Remove salmon pieces to a plate and keep warm. De-glaze the pan with the lemon juice, season with salt, pepper and lemon zest and whisk in the olive oil. Toss the greens with the dressing and asparagus and arrange on 4 plates. Place the warm salmon on top and garnish with chives and dill.

The Wildflower Inn

C uando Jim estuvo de viaje en Europa a la edad del 15 años, fue amor a primer mordisco. Su descubrimiento del arte placentero de comer fuera, combinado con las bendiciones de talento y determinación, lo llevaron a una carrera premiada. Jim ha repagado aquellas bendiciones brindando las suyas sobre los afortunados que cenan en su brillante restaurante, "Wildflower", en "The Lodge at Vail". Se le conoce por la creación de "eventos de comida"; desde los "Seders de Pascua" reconocidos nacionalmente, hasta las caminatas anuales del fin de verano, en busca de hongos de montaña. Jim ha creado un nuevo sentido de "expresión artística" en su propio estilo distintivo de especialidades americanas, y por medio de éste ha traído a casa una variedad de tesoros de los críticos, incluyendo el "Premio Travel/Holiday" y el "Premio 1993 de Restaurantes Distinguidos de Norte América".

The Wildflower Inn

James Cohen – The Wildflower Inn
174 E. Gore Creek Drive
Vail, Colorado!
303-476-5011

W hen Jim toured Europe at 15, it was love at first bite. His discovery of the leisurely art of dining combined with the blessings of talent, skill and determination, led him into an award winning career. Jim has repaid those blessings by bestowing his own upon the fortunate who dine with him at his showcase, Wildflower, in The Lodge at Vail. He is known for creation of "food events", from nationally recognized Passover Seders to annual late summer treks foraging for mountain mushrooms. Jim has created a new meaning for "artful expression" in his own distinctive style of American specialties and in doing so has brought home an assortment of treasures from the critics including the Travel/Holiday Award and the 1993 Distinguished Restaurants of North America award.

Costillas Sephardic

Rinde de 2 a 4 porciones

**2 libras de costillas de res, de dos
  huesos estilo kosher**
1/2 taza de harina
1/4 de taza de aceite de olivo
1 cebolla mediana, picada
1/2 cucharadita de canela
1 cucharada de jengibre
**1 chile pasilla, sin semillas y
  remojado**
2 tazas de caldo de pollo
**1 taza de jugo de naranja, recién
  exprimido**
3 cucharadas de salsa picante
sal y pimienta

Sazonar las costillas y rociar con harina. Freirlas en un sartén con aceite de olivo unos minutos. Retirar las costillas del sartén y saltear las cebollas hasta que se suavicen. Agregar canela, jengibre y el chile pasilla. Poner las costillas de nuevo en el sartén, agregar el caldo, el jugo de naranja y la salsa picante. Colocar en el horno a 400° F y asar de 2 a 3 horas hasta que estén bien suaves.

Papas Batidas con Ajo

Rinde 4 porciones

**15 papas rojas, "new potatoes",
  lavadas**
1 taza de crema
1/4 de libra de mantequilla
6 dientes de ajo, asados
sal y pimienta

Cubrir las papas con agua y cocinarlas hasta que estén suaves. En una olla aparte, calentar la crema con la mantequilla y el ajo. Escurrir las papas y pasarlas por un molino de comida. Agregar la mezcla de crema. Hacerlas puré y sazonarlas con sal y pimienta al gusto.

Sephardic Short Ribs

Serves 2-4

2 lb. beef short ribs, 2 bone
  kosher style
1/2 c. flour
1/4 c. olive oil
1 medium onion, chopped
1/2 t. cinnamon
1 T. ginger
1 pasilla chile, seeded and soaked
2 c. chicken stock
1 c. orange juice, fresh squeezed
3 T. hot sauce
salt and pepper

Season ribs and dust in flour. Sear them in a hot pan in olive oil. Remove the ribs from the pan and sauté the onion until soft. Add cinnamon, ginger and pasilla chile. Put the ribs back in the pan , add the stock, orange juice and hot sauce. Place pan in 400° oven and braise for 2-3 hours until very tender.

Garlic Mashed Potatoes

Serves 4

15 new potatoes, red, washed
1 c. cream
1/4 lb. butter
6 cloves garlic, roasted
salt and pepper

Cover potatoes with water and cook until tender. In a separate pan, heat cream with butter and garlic. Drain the potatoes and put through a food mill. Stir in the cream mixture. Purée and season with salt and pepper to taste.

Champiñones Morilla con Pan de Maíz y Cebollín

Rinde de 4 a 6 porciones

mantequilla clarificada (receta en
　sección de Básicos)
2 cucharadas de harina
sal y pimienta al gusto
2 onzas de champiñones morillas,
　limpios y cortados
1 cucharadita de chalotes,
　finamente picados
1 cucharada de vinagre de jerez
3 onzas de caldo de pollo
2 cucharadas de cebollín picado
2 cucharadas de mantequilla
1 rebanada de pan de maíz

Pan de Maiz:
1 libra de mantequilla, derretida
　y ya fría
6 tazas de harina de maíz
4 tazas de harina
3 cucharaditas de polvo de
　hornear
1 cucharadita de bicarbonato
1 cucharadita de sal
1 taza de azúcar
2 litros de jocoque
8 huevos

Calentar la mantequilla clarificada en un sartén. Mientras se calienta la mantequilla, enharinar los champiñones. Sazonar con sal y pimienta. Saltear los champiñones, hasta que estén doraditos. Sacarlos del sartén. Verter a un lado y guardar la mayor parte de la mantequilla. Saltear los chalotes hasta que estén suaves, agregar el vinagre de jerez y reducir hasta que casi no quede nada. Agregar el caldo y reducir a la mitad. Quitar del fuego y agregar el cebollín. Agregar la mantequilla y mezclar hasta que ésta se haya incorporado. Rebanar el pan de maíz y asarlo o tostarlo. Colocar una rebanada de pan de maíz en un plato, cubrirlo con champiñones y agregar salsa arriba y alrededor.

Pan de maíz:

Combinar todos los ingredientes secos. Mezclar los huevos y el jocoque aparte, y agregar esta mezcla a los ingredientes secos, hasta formar una pasta suave. Añadir la mantequilla al último. Combinar sólo hasta que se haya incorporado. No mezclar de más. Verter en un molde de hornear de 12 x 17 pulgadas, engrasado, y hornear a 400° F durante 20 minutos.

Morels with Cornbread and Chives

Serves 4-6

clarified butter, recipe in Basics
   section
2 T. flour
salt and pepper to taste
2 oz. morel mushrooms, cut and
   cleaned
1 t. shallots, finely diced
1 T. sherry vinegar
3 oz. chicken stock
2 T. chives, chopped
2 T. butter
1 slice cornbread

Cornbread
1 lb. butter, melted and cooled
6 c. cornmeal
4 c. flour
3 t. baking powder
1 t. baking soda
1 t. salt
1 c. sugar
2 qts. buttermilk
8 eggs

Heat clarified butter in a sauté pan. While butter is heating, dust mushrooms with flour. Season with salt and pepper. Sauté mushrooms until crisp. Remove from pan. Pour off most of the butter and sauté shallots until soft, add sherry vinegar and reduce until almost gone. Add stock and reduce by half. Remove from heat and add chives. Add butter and swirl until butter is incorporated. Slice the cornbread and grill or toast. Place a slice of cornbread on a plate and pour mushrooms and sauce over and around it.

Cornbread:

Combine all dry ingredients. Mix eggs and buttermilk together. Mix into dry ingredients forming a smooth paste. Add butter last. Combine just until incorporated - do not over mix. Pour into a greased half sheet pan (12"x 17") and bake at 400° for 20 minutes.

Zarela's

¿**D**onde obtiene un restaurante su personalidad de fiesta y diversión llena de hospitalidad casera? En el caso de Zarela, proviene de las lecciones que aprendió al lado de su madre en Chihuahua, México. La chef/dueña, Zarela Martínez, tomó sus primeras lecciones en aquel rancho de ganado, y tras un viaje a Nuevo Orleans, Louisiana, nunca miró hacia atrás. El chef Paul Prudhomme fué el mentor de Zarela y continúa siendo una presencia en la vida de su familia hasta hoy día. Las recetas que les presenta a ustedes en este capítulo son los platillos más populares de su maravilloso restaurante. Además, los ingredientes se encuentran disponibles en casi cualquier lugar, incluso la "canela" (corteza suave de la canela originaria de Ceylon). Puede disfrutar aún más de las vibrantes y maravillosas creaciones de Zarela en su primer libro, "Food From My Heart" (Comida de Mi Corazón) – (Macmillan, 1992) que fué nominado para el prestigioso premio "James Beard" como el "Mejor Libro Internacional del Año".

Zarela's

Zarela Martinez – Zarela's
953 Second Avenue
New York, N.Y. 10022
(212) 644-6740

Where does a restaurant develop a festive, fun-filled personality full of home-grown hospitality? In the case of Zarela, it comes from the lessons learned at Mama's side at her ranch home in the state of Chihuahua, Mexico. Chef\owner Zarela Martinez took her first lessons on that cattle ranch, and after a trip to New Orleans, Louisiana she never looked back. Chef Paul Prudhomme became Zarela's mentor and continues to be a presence in her family's life to this day. The recipes she presents to you in this chapter are the most often requested dishes at her wonderful restaurant. In addition, the ingredients are widely available, even the "canela", the soft bark of true Ceylon cinnamon. You may enjoy even more of Zarela's wonderfully vibrant, authoritative creations in her first book, FOOD FROM MY HEART (Macmillan, 1992) which was nominated for the prestigious James Beard Award as "Best International Book of the Year".

Salpicón de Huachinango

Rinde 6 porciones (como primer plato)

1/2 taza de mantequilla sin sal
6 dientes de ajo grandes,
  finamente picados
6 cebollitas de Cambray, picadas,
  (aproximadamente 1 taza)
3 jitomates maduros medianos,
  picados, (aproximadamente
  2 1/2 tazas)
3 jalapeños, sin tallo, bien picados, con semillas
1/4 de taza de hojas de cilantro
1 1/2 cucharaditas de canela de
  Ceylon, molida*
1/2 cucharadita de clavos molidos
2 cucharatidas de comino en
  polvo
1 cucharadita de sal
2 1/2 libras de filetes de
  huachinango, sin pellejo y sin
  espinas
tortillas de maíz o totopos
  doraditos
*puede adquirirse en mercados
  mexicanos

Escoja un sartén grueso (preferentemente de teflón) que sea lo suficientemente grande para poner todo el pescado en una capa. Derretir la mitad de la mantequilla sobre fuego medio. Cuando la espuma haya desaparecido, agregar la mitad del ajo picado y cocinar 1 minuto, mezclando constantemente. Agregar las cebollitas y cocinar otro minuto, mezclando. Agregar los jitomates, los chiles, el cilantro, las especias y un poco de sal, mezclando bien para que se combine. Cocinar, mezclando con frecuencia hasta que la salsa comience a concentrarse, unos 5 minutos. Cortar los filetes de pescado en mitades o en varios trozos grandes, dependiendo de su tamaño. Colocarlos en el sartén en una capa. Ajustar la llama para hervir a fuego lento y cocinar el pescado, sin tapar, hasta que éste comience a tomar un color opaco, 1 minuto. Voltear cuidadosamente los filetes con una espátula y cocinar del otro lado, aproximadamente 1 minuto más. El pescado debe estar todavía un poco crudo. Dejar que se enfríe en la salsa. Cuando el pescado esté lo suficientemente enfriado para trabajarlo, deshebrarlo a mano. Cuidadosamente, sacar cualquier espina que aparezca. Si la salsa se ve aguada, escurrir un poco del jugo. Calentar la mantequilla restante en otro sartén sobre fuego medio, hasta que esté caliente y burbujeante. Agregar el ajo restante y cocinar durante 1 minuto mezclándolo. Agregar el pescado deshebrado y la salsa. Cocinar hasta que se caliente. Servir con tortillas recién hechas en casa o totopos doraditos.

Red Snapper Hash

Serves 6 as a first course

1/2 c. unsalted butter
6 large cloves garlic, finely minced
6 scallions, chopped, about 1 cup
3 medium ripe tomatoes, chopped, about 2 1/2 cups
3 jalapeños, stemmed and finely chopped with seeds
1/4 c. cilantro leaves
1 1/2 t. true Ceylon cinnamon (also called canela), ground*
1/2 t. ground cloves
2 t. ground cumin
1 t. salt
2 1/2 lb. red snapper filets, skinned and small bones removed
corn tortillas or crisp-fried tortilla chips
*****available at Mexican markets**

Choose a heavy skillet (preferably non-stick) that will be large enough to hold the fish in one layer. Melt half of the butter over medium heat. When the foam subsides, add half the minced garlic and cook 1 minute, stirring constantly. Add the scallions and cook 1 minute longer, stirring often. Add the tomatoes, chiles, cilantro, spices and a little salt, stirring well to combine. Cook, stirring often until the sauce is slightly concentrated, about 5 minutes. Cut the fish filets into halves or several large pieces, depending on their size. Place them in the pan in one layer. Adjust the heat to maintain a low simmer and poach the fish, uncovered , just until the flesh begins to turn opaque, 1 minute. Carefully turn the filets with a spatula and poach the other side for about 1 minute more. The flesh should still be slightly undercooked. Allow them to cool in the sauce. When the fish is cool enough to handle, pull the flesh into shreds with your fingers. Carefully remove any bones that may be left. If the sauce looks watery, drain off a little of the juice. Heat the remaining butter in a second skillet over medium heat until hot and bubbling. Add the remaining garlic and cook for 1 minute, stirring. Add the shredded fish and sauce, cook just until heated through. Serve with freshly made corn tortillas or crisp-fried tortilla chips.

Camarones con Coco

Rinde 4 porciones

3 cucharadas de mantequilla o
  aceite de olivo
1 taza de salsa verde Tampiqueña
1 libra de camarones, pelados y
  desvenados
1/2 taza de coco rallado fresco
limón cortado en gajos

Salsa Verde Tampiqueña:
Rinde 1 1/2 tazas
8 jalapeños, o menos, al gusto,
  sin tallos, partidos a la mitad, a
  lo ancho
1 cebolla mediana, pelada y cortada en cuartas partes
5 dientes de ajo
1/4 de taza de aceite vegetal o
  aceite de olivo
1/2 taza de hojas de cilantro
1 cucharadita de hojas de
  orégano mexicano, trituradas
  entre los dedos
1 cucharadita de consomé de
  pollo en polvo

En un sartén grueso, calentar la mantequilla a fuego alto hasta que deje de espumar y la mantequilla esté a punto de dorarse (si usa aceite de olivo, calentar hasta que esté bien caliente pero no humeando). Rápidamente agregar la salsa verde y cocinar, moviéndola, hasta que se caliente bien, aproximadamente 2 minutos. Bajar la temperatura a fuego medio. Agregar los camarones y mezclar bien para combinar. Hervir a fuego lento hasta que los camarones estén opacos y cocidos, aproximadamente 3 minutos más. No cocinar de más. Acomodar los camarones y la salsa en una fuente de servir y rociar con coco rallado. Adornar con gajos de limón.

Colocar todos los ingredientes de la salsa en una licuadora o procesadora y licuar hasta que queden picados, luego procesar a la consistencia de su gusto (es mejor cuando aún quedan trozos). Puede guardarse bien sellado en el refrigerador hasta por un mes.

Coconut Shrimp

Serves 4

3 T. butter or olive oil
1 c. salsa verde de Tampico
1 lb. shrimp, peeled and deveined
1/2 c. freshly grated coconut
lime wedges

Tampico Green Sauce
Makes 1 1/2 cups
8 jalapeños, or fewer to taste.
stems removed, halved crosswise
1 medium onion, peeled and
    quartered
5 cloves garlic
1/4 c. vegetable or olive oil
1/2 c. cilantro leaves
1 t. Mexican oregano leaves,
    crushed between fingers
1 t. powdered chicken base

In a heavy skillet or sauté pan, heat butter over high heat until foam subsides and butter is almost ready to brown (if using olive oil, heat until very hot, but not quite smoking). Quickly add salsa verde and cook, stirring, until heated through, about 2 minutes. Reduce heat to medium-high. Add shrimp and stir well to combine. Simmer until shrimp are opaque and cooked through, about 3 minutes longer. Do not overcook. Arrange shrimp and sauce on serving platter and sprinkle with grated coconut and garnish with lime wedges.

Place all ingredients for the sauce in blender or food processor and pulse until coarsely chopped, then process to desired consistency (It is nicest when slightly coarse.). Can be stored tightly covered in refrigerator for up to 1 month.

Arroz con Crema y Chiles Poblanos

Rinde 6 porciones

4 tazas de agua
1 cucharada de mantequilla
2 cucharaditas de sal, o sal al
    gusto
2 tazas de arroz convertido
2 cucharadas de aceite vegetal
1 cebolla pequeña picada,
    aproximadamente 1/2 taza
1 diente de ajo finamente picado
2 chiles poblanos, asados,
    pelados, sin semillas ni venas, y
    picados
2 tazas de elote fresco en grano ó
    1 paquete (10 onzas) de elote
    descongelado o 1 lata (16
    onzas) de elote, escurrido
1 1/2 tazas de mezcla de crema
    agria
1/2 libra de queso cheddar
    blanco, rallado

Mezcla de Crema Agria Aromática:
Rinde 2 tazas
2 tazas de crema agria
1 cebolla pequeña, finamente pic-
    ada, aproximadamente 1/2 taza
1 diente de ajo, finamente picado
2 cucharadas de hojas de cilantro,
    finamente picadas
sal, al gusto

Hervir el agua en una cacerola mediana a fuego alto y agregar la mantequilla y sal. Cuando se haya derretido la mantequilla, agregar el arroz y hervir. Bajar a fuego muy lento, tapar bien la cacerola, y cocinar durante 20 minutos. Sacar el arroz de la cacerola y esparcer sobre una charola de hornear para que se enfríe, o dejar que se enfríe en la misma cacerola descubierta. Calentar el horno a 350° F (si se usa un refractario pyrex, calentar a sólo 325° F). Calentar el aceite en un sartén grueso a fuego alto, hasta que esté bien caliente, pero no humeando. Bajar el fuego a temperatura media, agregar la cebolla picada y el ajo y cocinar, mezclando hasta que se suavicen, de 2 a 3 minutos. Agregar los chiles poblanos y cocinar, mezclando durante 1 minuto. Dejar que se enfríen, luego combinar con el arroz. Agregar el elote, la crema agria y el queso rallado. Verter esta mezcla en un refractario y hornear hasta que esté bien caliente, unos 30 minutos.

Combinar todos los ingredientes para la mezcla de crema y dejar reposar 5 minutos para que se mezclen los sabores.

Creamy Rice Casserole

Serves 6

4 c. water
1 T. butter
2 t. salt, or to taste
2 c. converted rice
2 T. vegetable oil
1 small onion, chopped, about
   1/2 cup
1 clove garlic, minced
2 poblano chiles, roasted, peeled,
   seeded, deveined and diced
2 c. fresh corn kernels or 1 pkg.
   (10 oz.) frozen corn, thawed or
   1 can (16 oz.) corn, drained
1 1/2 c. sour cream mixture
1/2 lb. white cheddar cheese,
   shredded

Aromatic Sour Cream Mixture
Makes 2 cups
2 c. cultured sour cream
1 small onion, finely chopped,
   about 1/2 cup
1 clove garlic, minced
2 T. cilantro leaves, finely
   chopped
salt to taste

Bring the water to a boil in a medium-size saucepan over high heat and add the butter and salt. When the butter has melted, add the rice and bring to a boil. Reduce the heat to very low, cover the saucepan tightly and cook for 20 minutes. Remove the rice from the pan and spread on a baking sheet to cool, or allow to cool in the pan uncovered. Preheat oven to 350° (if using pyrex baking dish, preheat to 325°). Heat the oil in a heavy skillet over medium-high heat until very hot, but not quite smoking. Reduce the heat to medium, add the chopped onion and garlic and cook, stirring, until wilted, 2-3 minutes. Add the poblanos and cook, stirring, for 1 minute. Let cool, then combine with the rice. Mix in the corn, sour cream mixture and shredded cheese. Pour the mixture into a heatproof baking dish or casserole and bake until heated through, about 30 minutes.

Combine all the ingredients for the cream mixture and let rest 5 minutes to blend the flavors.

Sección de Básicos

Caramelizando Azúcar
2 tazas de azúcar
1/2 taza de agua
Combinar el azúcar y el agua en una cacerola limpia de base pesada. Hervir a fuego medio y cocinar sin mover hasta que el azúcar se haya disuelto. Cepillar los costados de la cacerola con una brocha de pastelería, sumergiéndola en agua para disolver el azúcar. Cocinar, hasta que tome un color caoba. Usarlo para el caramelo de los flanes, o cuidadosamente agregar 1 1/2 tazas de crema espesa, batiendo constantemente para una salsa de caramelo o base para relleno de caramelo.

Caldo de Pollo
Rinde 1 litro
5 libras de huesos de pollo, crudos
1 cebolla, picada
1 taza de zanahoria, picada
1 taza de apio, picado
3 dientes de ajo, picados
3 litros de agua fría
3 hojas de laurel
perejil
1 cucharadita de pimienta negra entera
Calentar el horno a 450° F. Asar los huesos de pollo hasta que se doren, aproximadamente 1 hora. Durante la última media hora, agregar la cebolla, la zanahoria, el apio y el ajo.
Sacar del horno y poner los huesos y las verduras en una cazuela. Cubrir con agua fría y hervir. Continuar hirviendo a fuego lento durante 3 horas. Enfriar, colar y refrigerar. Quitar cualquier grasa que se acumule en la superficie antes de usar. Puede guardarse una semana refrigerado o hasta 2 meses congelado.
Nota: si usa huesos cocidos no hay necesidad de asarlos en el horno.

Clarificando Mantequilla
La clarificación de mantequilla es un proceso que quita los sólidos lácteos, dejando una mantequilla clara, de un amarillo profundo que tiene menor tendencia a quemarse a altas temperaturas.
1 taza de mantequilla dulce
Derretir la mantequilla en baño María, sobre -pero no tocando- el agua hirviendo. Cuando la mantequilla se haya derretido completamente, quitar la olla de arriba y ponerla a un lado 10 minutos. Quitar la espuma de la superficie lo mejor que se pueda. Dejar reposar a temperatura ambiental 30 minutos o más. Cuidadosamente, verter la mantequilla clara en un jarro limpio, dejando los sólidos lácteos atrás. O, colar el líquido en un recipiente a través de varios dobleces de una tela para cuajar quesos, enjuagada en agua y bien exprimida. Guardar el recipiente bien sellado en el refrigerador hasta por 2 meses.

Creme Fraîche
Rinde 1 taza
1 taza de crema espesa a temperatura ambiental
3 cucharadas de jocoque
Poner la crema y el jocoque en un jarro tibio y tapar. Dejar a temperatura ambiental de 12 a 14 horas hasta que espese. Refrigerar. Puede conservarse hasta por 1 semana.

Trabajando con Chiles
Se recomienda el uso de guantes de hule cuando se trabaja con chiles. Las semillas y las membranas pueden ser muy picantes e irritar las manos. Hay que tener mucho cuidado de no tocarse los ojos. Otro método de proteger las manos es engrasarlas

Basics Section

Caramelizing Sugar
2 c. sugar
1/2 c. water
Combine sugar and water in a very clean, heavy bottomed saucepan. Bring to a boil over medium heat and cook without stirring until all the sugar has dissolved. Brush the sides of the pan with a pastry brush, dipping into water to dissolve the sugar. Cook until a rich mahogany color. Use for lining flan molds or carefully add 1 1/2 c. heavy cream, stirring constantly for a caramel sauce or base for caramel filling.

Chicken Stock
Makes 1 quart
5 lb. chicken bones, raw
1 onion, chopped
1 c. carrot, chopped
1 c. celery, chopped
3 cloves garlic, chopped
3 qt. cold water
3 bay leaves
parsley
1 t. black peppercorns
Preheat oven to 450°. Roast chicken bones until brown, about 1 hour. Add the onion, carrot, celery and garlic for the last 1/2 hour.
Remove from oven and transfer bones and vegetables to a stockpot. Cover with cold water and bring to a boil. Simmer for 3 hours. Cool, strain and refrigerate. Skim off any fat that rises to surface before using. Will keep one week refrigerated or 2 months frozen.
Note: if using cooked bones there is no need to roast them.

Clarifying Butter
Clarifying butter is a process that removes the milk solids, leaving a clear, deep yellow butter that is less apt to burn at higher temperatures.
1 c. sweet butter
Melt the butter in the top of a double boiler set over-not touching-boiling water. When the butter has melted completely, remove the top pan and let stand for 10 minutes. Skim as much of the white foam from the surface as possible. Let stand at room temperature 30 minutes longer. Carefully pour the clear yellow butter into a clean container, leaving the milky solids behind. Or strain the liquid through several layers of cheesecloth, rinsed in cool water and thoroughly wrung out, into a clean container. Store in the refrigerator tightly covered, up to 2 months.

Crème Fraîche
Makes 1 cup
1 c. heavy cream, room temperature
3 T. buttermilk
Put cream and buttermilk in warm jar with cover. Leave at room temperature for 12-24 hours until it thickens. Refrigerate. Keeps for 1 week.

Handling Chiles
Rubber gloves are recommended to use when handling chiles. The seeds and membranes can be very hot to the hands and be very careful not to touch your eyes. Another method to protect your hands is to coat them with vegetable oil. Always wash your hands after handling chiles. A solution of 1 T. bleach to 1 qt. water will help to neutralize the heat.

do de proteger las manos es engrasarlas con aceite vegetal. Siempre debe lavarse bien las manos después de hacer preparados con chiles. La mezcla de 1 cucharada de blanqueador y 1 litro de agua, ayuda a neutralizar el ardor (de las manos).

Asando Chiles y Pimientos
Los chiles y pimientos pueden asarse en una parrilla, sobre la lumbre de la estufa de gas o bajo un broiler. El propósito es quemar la cáscara completamente para que pueda pelarse. Después de asar, colocar los chiles en una bolsa de papel o en un molde sellado y dejar reposar por lo menos unos 20 minutos. Cuando se enfríen, quitar la cáscara, tallos y semillas si se desea.

Asando Ajo
cabezas de ajo enteras
aceite de olivo
Calentar el horno a 400° F. Cortar la parte superior de las cabezas de ajo, rociar con aceite de olivo y envolver en papel aluminio. Asar en el horno de 30 a 40 minutos, hasta que estén dorados.

Mayonesa
Rinde 2 1/2 tazas
2 yemas de huevo
1 huevo
2 cucharaditas de mostaza Dijon
2 cucharaditas de jugo de limón amarillo fresco
1 1/2 tazas de aceite de canola
1/2 taza de aceite de olivo
sal y pimienta, al gusto
En una procesadora, poner las yemas, el huevo, la mostaza, el jugo de limón amarillo, la sal y la pimienta. Procesar durante 30

durante 30 segundos. Agregar el aceite, poco a poco, hasta que se incorpore. Probar la sazón, y agregar más jugo de limón, sal o pimienta si se desea.

Vinagreta de Jerez
2 cucharadas de vinagre de jerez
sal y pimienta, al gusto
6 cucharadas de aceite de olivo
Mezclar el vinagre de jerez con sal y pimienta, y agregar el aceite lentamente, batiendo bien.

Roasting Chiles and Bell Peppers
Chiles and bell peppers can be roasted on a
    grill, over a burner or under a broiler. The
    purpose is to char or blacken the skin com-
    pletely so that it can be removed. After
    roasting, place chiles in a paper bag or in a
    tightly covered container and let rest for 20
    minutes. When cool, remove skin, stems
    and seeds, if desired.

Roasting Garlic
whole heads of garlic
olive oil
Preheat oven to 400°. Cut top 1/4 off top of
    garlic heads, sprinkle with olive oil and
    wrap in foil. Roast in oven for 30-40 min-
    utes, until golden brown.

Mayonnaise
Makes 2 1/2 cups
2 egg yolks
1 egg
2 t. Dijon mustard
2 t. fresh lemon juice
1 1/2 c. canola oil
1/2 c. olive oil
salt and pepper, to taste
In a blender or food processor, add yolks,
    egg, mustard, lemon juice and salt and pep-
    per. Process for 30 seconds. Drizzle oil in a
    slow stream, until incorporated. Taste for
    seasoning, adding extra lemon juice, salt or
    pepper if desired.

Sherry Vinaigrette
2 T. sherry vinegar
salt and pepper, to taste
6 T. olive oil
Mix sherry vinegar with salt and pepper,
    whisk in oil slowly, mixing well.

Índice

Index

Veal And Game

Vegetarian

Table of Measurements and Equivalents

60 drops	1 teaspoon
3 teaspoons	1 tablespoon
16 tablespoons	1 cup
2 cups	1 pint
2 pints	1 quart
1 fluid ounce	2 tablespoons
8 fluid ounces	1 cup
16 fluid ounces	1 pint
1 quart	1 liter minus 6 tablespoons
1 pound	454 grams
1 kilogram	2.2 pounds
1 stick butter	1/2 cup

Tabla de Medidas y Equivalencias

60 gotas	1 cucharadita
3 cucharaditas	1 cucharada
16 cucharadas	1 taza
2 tazas	1/2 litro menos 3 cucharadas
4 tazas	1 litro menos 6 cucharadas
1 onza fluida	2 cucharadas
8 onzas fluidas	1 taza
16 onzas fluidas	1 pinta
1 cuarto de galón	1 litro menos 6 cucharadas
1 libra	454 gramos
1 kilo	2.2 libras
1 barra de mantequilla	1/2 taza

Glossary Of Terms, English-Spanish
Glosario De Términos Inglés-Español

HERBS AND SPICES	HIERBAS Y ESPECIAS
Allspice	Pimienta dulce
Anise	Anis
Basil	Albahaca
Bayleaf	Laurel
Caper	Alcaparra
Caraway	Alcaravea
Cardamom	Cardamomo
Cayenne	Pimienta Cayenne, Roja
Chervil	Perifolio
Chives	Cebolleta, Cebollín
Cinnamon	Canela
Cloves	Clavos
Coriander	Cilantro
Cream of tartar	Crémor tártaro
Curry	Curri
Cumin	Comino
Dill	Eneldo
Epazote	Epazote, Paico
Fennel	Hinojo
Garlic	Ajo
Ginger	Jengibre
Horseradish	Rábano picante
Lemongrass	Hierba de Té de Limón
Mace	Macis
Marjoram	Mejorana
Mint	Menta
Mustard	Mostaza
Nutmeg	Nuez moscada
Onion, red	Cebolla colorada, paiteña
Onion, white	Cebolla blanca
Onion, yellow	Cebolla amarilla
Oregano	Orégano
Paprika	Paprika, pimentón dulce (molido)
Parsley	Perejil
Pepper, black	Pimienta negra
Pepper, white	Pimienta blanca
Pickling spice	Especias para encurtidos
Poppy Seeds	Semilla de amapola, adormidera
Rosemary	Romero
Saffron	Azafrán
Sage	Salvia
Savory	Ajedrea
Scallions	Cebollita de Cambray, cebolleta
Sesame Seeds	Semilla de Ajonjoí
Shallot	Chalotes, ascalonia
Tarragon	Estragón, Tarragona
Tumeric	Cúrcuma
Thyme	Tomillo
Vanilla	Vainilla

FRUITS	FRUTAS
Apple	Manzana
Banana	Plátano, Banano
Blackberry	Zarzamora
Cantaloupe	Melón
Cherry	Cereza
Coconut	Coco
Currants	Grosellas
Lemon	Limón amarillo
Lime	Limón
Mango	Mango
Orange	Naranja
Papaya	Papaya
Pear	Pera
Pineapple	Piña
Plum	Ciruela
Pomegranate	Granada
Quince	Membrillo
Raspberry	Frambuesa
Strawberry	Fresa, Frutilla

VEGETABLES	VERDURAS
Asparagus	Espárragos
Avocado	Aguacate
Beet	Remolacha, Betabel
Bell Pepper	Pimiento
Carrot	Zanahoria
Celery	Apio
Corn	Maíz
Cucumber	Pepino
Eggplant	Berenjena
Mushrooms	Champiñones, Hongos, Setas
Onion	Cebolla

Peas	Chícharos, Arveja, Guisantes
Potato	Papa
Spinach	Espinacas
Sweet Potato	Camote
Tomatillo	Tomate
Tomato	Jitomate, Tomate
Watercress	Berro
Zucchini	Calabacita

MEATS — CARNES

Beef	Res
Lamb	Cordero/Borrego
Pork	Cerdo
Veal	Ternera

Wild Game:	Presas de Caza:
Buffalo	Búfalo
Elk	Áice
Venison	Venado

Meat Cuts:	Cortes de Carne:
Chop	Chuleta
Filet	Filete
Flank Steak	Falda
Loin	Lomo
Rack	Costillas

FOWL — AVES

Chicken	Pollo
Duck	Pato
Hen	Gallina
Quail	Codorníz
Pheasant	Faisán

Fowl Cuts:	Cortes de Ave:
Breast	Pechuga
Leg, Drumstick	Pierna
Thigh	Muslo
Wing	Ala

FISH — PESCADO

Bass	Lobina
Cod	Bacalao
Flounder	Lenguado
Halibut	Halibut
Red Snapper	Huachinango
Salmon	Salmón
Sea Bass	Corvina

Snapper	Pargo
Swordfish	Pez Espada
Trout	Trucha
Tuna	Atún
White fish	Pescado blanco

SEAFOOD — MARISCOS

Calamari, squid	Calamar
Clam	Almeja
Cockles	Caracol de Mar
Crab	Cangrejo, jaiba
Crayfish	Langostino, cangrejo de río
Lobster	Langosta
Mussel	Mejillón
Octopus	Pulpo
Oyster	Ostión, Ostra
Prawn	Langostino
Scallops	Molusco bivalvo, Vieira
Shrimp	Camarón
Squid, Calamari	Calamar

A

allspice-pimienta dulce
almond-almendra
angel hair pasta-pasta, fideo pelo de ángel
anise-anis
apple-manzana
arborio rice-arroz arborio, procesado
asparagus-espárragos
avocado-aguacate

B

bacon-tocino
baking powder-polvo de hornear, "royal"
baking soda-bicarbonato
balsamic vinegar-vinagre de resina
banana-plátano (Mex.), banano, guineo (C. & S. Amer.)
barley-cebada
basil-albahaca
bass-lobina
bay leaf-laurel
beans-frijoles
    beans, black-frijol negro
    beans, pinto- frijol flor de mayo
bean sprouts-brotes o gérmen de frijol
beer-cerveza
beets-remolacha, betabel
bell pepper-pimiento
bitter-amargo
bittersweet-agridulce
blackberry-zarzamora
bread crumbs-pan molido
breast-pechuga
brine-salmuera
brown sugar-azúcar morena o mascabada
bullion, broth-caldo
bunch-manojo
butter-mantequilla
buttermilk-jocoque

C

cake-pastel, torta
cakes, patties-tortas, tortitas, tortillas
calamari-calamar
capers-alcaparras
caraway-alcaravea
cardamom-cardamomo

carrot-zanahoria
celery-apio
champagne-champaña
cheddar cheese-queso tipo cheddar
cheese-queso
chervil-perifolio
cherries-cerezas
chicken-pollo, gallina
chicken broth-caldo de pollo o gallina
chick pea-garbanzo
chick pea flour-harina de garbanzo
chili-chile
chili paste-pasta de chile
chili pepper-chile (Mex.), ají (S. Amer.)
chives-cebolleta, cebollín
chocolate-chocolate
    chocolate, bitter-chocolate amargo
    chocolate, bittersweet- chocolate agridulce
    chocolate, semi-sweet - chocolate semi dulce
    chocolate, white-chocolate blanco
cider-sidra
cinnamon-canela
clam-almeja
cloves-clavos
cockle-caracol de mar
coconut-coco
coconut cream-crema de coco
coconut, grated-coco rallado
confectioner's sugar-azúcar glas
corn-maíz
cornbread-pan de maíz
corn husk-hojas de maíz
cornstarch-fécula de maíz, "maicena"
corn syrup-miel de maíz
coriander-cilantro
cottage cheese-requesón
crab-jaiba, cangrejo
cracked wheat-trigo resquebrajado
crayfish-cangrejo de rio, langostino
cream-crema
cream cheese-queso crema
cream of tartar-crémor tártaro
cucumber-pepino
cumin-comino
currants-grosellas
curry-curri

D
dill-eneldo
dressing-aderezo
duck-pato

E
eggplant-berenjena
eggs-huevos
endive-endibia
epazote- epazote (Mex.), paico (S. Amer)
espresso-exprés

F
fennel-hinojo
fish-pescado
flank steak-falda de res
flounder-lenguado
flour-harina
french vanilla-vainilla francesa

G
garlic-ajo
ginger-jengibre
goat-cabra
goat cheese-queso de cabra
grated-rallado
grated coconut- coco rallado

H
ham-jamón
haricot-habichuela
hash-picadillo
head-cabeza
herbs-hierbas
horseradish-rábano picante

I
ice-hielo
ice cream-helado

J
jelly-jalea
jicama-jícama
juice-jugo
julienned-cortados en tiritas
juniper berries-bayas de enebro

K
ketchup-catsup

L
lamb-borrego, cordero
leek-puerro
leg-pierna
lemon-limón amarillo
lemongrass-hierba de té de limón (cymbopogón cit-
    ratus)
lentil-lenteja
lime-limón
lobster-langosta
loin-lomo

M
mace-macis
maple syrup-miel de maple
marmalade-mermelada
mayonnaise-mayonesa
milk-leche
mint-menta
molasses-melaza
Monterrey Jack cheese-queso tipo Monterrey Jack
Mozzarella-queso tipo Mozzarella
mushrooms-champiñones, hongos, setas
mussels-mejillones
mustard-mostaza

N
noodles-fideos
nutmeg-nuez moscada
nuts-nueces

O
oil-aceite
olive oil-aceite de olivo
olives-aceitunas
orange-naranja
oyster-ostra, ostión, concha

P
parmesan-parmesano
parsley-perejil
patties, cakes-tortillas, tortas
peanuts-cacahuates, maní
peanut butter-crema de cacahuate, mantequilla de

maní
peas-chícharos, arvejas, guisantes
pecans-nueces
pepper-pimienta
pie-pay
pig-cerdo, puerco, chancho (S. Amer.)
pineapple-piña
pine nuts-piñón
pinto beans-frijol flor de mayo
plum-ciruela, claudia
pomegranate-granada
poppy seed-semilla de amapola o adormidera
pork-carne de cerdo
port-vino de Oporto
potato-papa, patata
powdered sugar-azúcar glas
prawn-langostino
pumpkin-calabaza
pumpkin seeds-pepitas, semillas de calabaza

Q
quail-codorniz
quince-membrillo

R
raisins-pasas
raspberry-frambuesa
red onion-cebolla colorada, cebolla paiteña
red snapper-huachinango
red wine-vino tinto
ribs-costillas, chuletas
rice-arroz
rhubarb-rapóntigo, ruipóntico
rosemary-romero
rum-ron
rum, dark-ron oscuro
rum, light-ron claro

S
saffron-azafrán
sage-salvia
sake-sake (vino de arroz)
salmon-salmón
salt-sal
sauce-salsa
scalded-escaldado
scallions-cebollitas de Cambray, ascalonia, cebolleta
scallop-molusco bivalvo de mar (Mex.), vieira (Sp. &

S. Amer.)
sea bass-corvina
season-sazón, aliño, aderezo
sea weed-alga
seeds-semillas
semolina-sémola
sesame-ajonjolí
shallots-chalote ascalonia
sherry-jerez
shortening-manteca vegetal
shrimp-camarones
snow peas-chícharo tierno en su vainita
sole-lenguado
soup-sopa
sour cream-crema agria
soy-soya
spinach-espinacas
sprout-germen, brote
squid-calamares
stalk-tallo
strawberry-fresa (Mex.), frutilla (S. Amer.)
sugar-azúcar
sunflower-girasol
swordfish-pez espada

T
tarragon-estragón, tarragona
tart-tarta
thigh-muslo
thyme-tomillo
tomato- jitomate (Mex.), tomate (S. Amer.)
tortilla chips-totopos
trout-trucha
tumeric-cúrcuma
tuna-atún
turnip-nabo

V
vanilla-vainilla
veal-ternera
venison-carne de venado
vinegar-vinagre

W
walnuts-nueces de castilla
water-agua
watercress-berro
wedge-gajo

wheat-trigo
white wine-vino blanco
whole wheat flour-harina de trigo entero
wine-vino
wing-ala
worcestershire-salsa inglesa, worcestershire

Y
yeast-levadura
yellow onion-cebolla amarilla
yolk-yema

Z
zest-raspadura, ralladura
zucchini-calabacita

Glossary Of Terms, Spanish-English
Glosario De Términos Español-Inglés

A

aceite-oil
aceite de olivo-olive oil
aceitunas-olives
aderezo-dressing,seasoning, condiment
agridulce-bittersweet
agua-water
aguacate-avocado
ají-chili pepper
ajo-garlic
ajonjolí-sesame
ala-wing
albahaca-basil
alcaparras-capers
alcaravea-caraway
alga-seaweed
aliñar-to season
aliño-seasoning, condiment
almejas-clams
almendra-almond
amargo-bitter
anis-anise
apio-celery
arroz-rice
arroz arborio- arborio rice, processed
atún-tuna
azafrán-saffron
azúcar-sugar
azúcar glas-powdered sugar, confectioner's sugar
azúcar morena-brown sugar

B

bayas-berries
bayas de enebro-juniper berries
berenjena-eggplant
berro-watercress
betabel-beet
bicarbonato-baking soda
borrego-lamb

C

cabeza-head

cacahuate, maní-peanut
cacao-cocoa
calabacita-zucchini
calamar-squid, calamari
caldo-broth, stock
caldo de camarón-shrimp stock
caldo de pescado-fish stock
caldo de pollo-chicken broth
caldo de res-beef bullion, stock
caldo de ternera-veal stock
camarones-shrimp
canela-cinnamon
cangrejo-crab
cangrejo de rio, langosta-crayfish
caracol de mar-cockle
cardamomo-cardamom
catsup-ketchup
cebada-barlely
cebolla amarilla-yellow onion
cebolla colorada, paiteña-red onion
cebollín, cebolleta-chives
cerdo-pork, pig
cereza-cherry
cerveza-beer
champaña-champagne
champiñon, hongo, seta-mushroom
chile-chili pepper
chile ancho-long dried version of the "poblano", reddish-brown in color, med. hot (name means "wide")
chile cascabel-mid size, thin, red, generally dried, mild to med. hot (name means "rattle" as the loose seeds will rattle inside the dried chile skin)
chile chipotle-dried, smoked jalapeño, mid size and brownish in color
chile habanero-small green to orange, very hot (regional of the southern peninsula of Mexico)
chile jalapeño-mid size, green, hot (name means"of Jalapa" capital city of the state of Veracruz); generally fresh or pickled
chile "Nuevo México"-New Mexican chile
chile pasilla-large, dried, brown/black and very

wrinkled, hot (name means "raisin chili")
chile poblano-large green, red or dark red if dried, med. hot (name means "of Puebla", Mex. state); generally used in the fresh roasted form for the traditional "chiles rellenos".
chile serrano-small green or red med hot (name means "of the highland")
chocolate-chocolate
   chocolate amargo-bitter chocolate
   chocolate blanco-white chocolate
   chocolate semi-amargo - bittersweet chocolate
cilantro-coriander
ciruela-plum
clavos-cloves
coco-coconut
coco rallado-grated coconut
codorniz-quail
comino-cumin
cordero, borrego-lamb
corvina-sea bass
costillas-ribs
crema-cream
crema agia-sour cream
crema de coco-coconut cream
crémor tártaro-cream of tartar
cúrcuma-tumeric
curri-curry

E
endibia-endive
eneldo-dill
epazote, paico-epazote (green leaf herbal condiment, grows wild in Mex. & S. Amer.)
escaldar-scald
espárragos-asparagus
espinacas-spinach
estragón-tarragon
exprés-espresso

F
falda de res-flank steak
fécula de maíz-cornstarch
fideos-noodles
frambuesa-raspberry
fresa, frutilla-strawberry
frijoles-beans
frijol flor de mayo-pinto beans
frijol negro-black beans

G
gajo-wedge
garbanzo-chick pea
gérmen, brote-germination, sprout
girasol-sunflower
granada-pomegranate
grosellas-currants

H
habichuela-haricot
harina-flour
harina de garbanzo-chick pea flour
harina de trigo entero-whole wheat flour
helado-ice cream
helado de vainilla francesa-french vanilla ice cream
hielo-ice
hierbas-herbs
hinojo-fennel
hoja de maíz-corn husk
hongos, champiñones, setas-mushrooms
huachinango-red snapper
huevos-eggs

J
jaiba, cangrejo-crab
jalea-jelly
jamón-ham
jengibre-ginger
jerez-sherry
jícama-jicama, white root
jitomate-tomato
jocoque-buttermilk
jugo-juice

L
langosta-lobster
langostino-prawn, crayfish
laurel-bay leaf
leche-milk
lenguado-sole, flounder
lenteja-lentil
levadura-yeast
limón-lime
limón amarillo-lemon
lobina-bass
lomo-loin

M

macis-mace
maicena-cornstrarch
maíz-corn
maní, cacahuate-peanut
manojo-bunch
manteca vegetal-shortening
mantequilla-butter
mantequilla de maní-peanut butter
manzana-apple
mayonesa-mayonnaise
mejillones-mussels
melaza-molasses
membrillo-quince fruit
menta-mint
mermelada-marmalade
miel-honey, syrup
miel de maíz-corn syrup
miel de maple-maple syrup
molusco bivalvo, vieira-scallop
mostaza-mustard
muslo-thigh

N

nabo-turnip
naranja-orange
nueces-pecans
nuez de castilla-walnut
nuez moscada-nutmeg

O

ostión-oyster
ostra-oyster

P

papa, patata-potato
pan-bread
pan de maíz-cornbread
pan molido-breadcrumbs
parmesano-parmesan
pasas-raisins
pasta de chile-chili paste
pasta, fideo pelo de ángel-angel hair pasta
pato-duck
pay-pie
pechuga-breast
pepino-cucumber

pepitas-pumpkin seeds
pera-pear
perejil-parsley
perifolio-chervil
pescado-fish
pez espada-swordfish
picadillo-hash
pierna-leg
pimentón-ground red pepper, cayenne, paprika
pimienta-pepper
pimiento-bell pepper
piña-pineapple
piñón-pine nut
plátano, banano, guineo-banana
pollo-chicken
polvo de hornear, royal-baking powder
puerco- pig, pork
puerro-leek

Q

queso-cheese
queso crema-cream cheese
queso de cabra-goat cheese

R

rábano picante-horseradish
rapóntigo, ruipóntigo-rhubarb
raspadura, ralladura-zest
remolacha, betabel-beet
requesón-cottage cheese
romero-rosemary
ron-rum
   ron claro-light rum
   ron oscuro-dark rum
royal, polvo de hornear-baking powder

S

sake-sake (rice wine)
sal-salt
salmón-salmon
salmuera-brine
salsa-sauce
salsa inglesa-worcestershire
salvia-sage
sazonar-to season
semillas-seeds
semillas de amapola-poppy seeds

sémola-semolina
setas, hongos, champiñones-mushrooms
sidra-cider
sopa-soup
soya- soy

T
tallos-stems
tarragona-tarragon
tarta, pay-tart, pie
ternera-veal
tiritas-strips, julienned
tocino-bacon
tomate-tomato, or green tomatillo
tomillo-thyme
tortas, tortillas-cakes, patties
totopos-tortilla chips
trigo-wheat
trigo resquebrajado-cracked wheat
trucha-trout

U
uvas-grapes

V
vainilla-vanilla
vainilla francesa-french vanilla
vieira, molusco bivalvo-scallop
vinagre-vinegar
vinagre de resina-balsamic vinegar
vino-wine

Y
yemas de huevo-egg yolks

Z
zarzamora-blackberry
zanahoria-carrot

Notes

Notes

Notes

Notes

Notes

Notes